VERE 1965

CATHERINE BLUM

PAR

ALEXANDRE DUMAS.

2

PARIS
ALEXANDRE CADOT, ÉDITEUR,
37. RUE SERPENTE.

1854

CATHERINE BLUM.

Ouvrages de Xavier de Montépin.

Les Valets de Cœur	3 vol.
Un Gentilhomme de grand chemin . . .	5 vol.
Les Oiseaux de Nuit	5 vol.
Le Vicomte Raphaël	5 vol.
Mignonne	3 vol.
Brelan de Dames	4 vol.
Le Loup noir	2 vol.
Confessions d'un Bohême	5 vol.
Les Amours d'un Fou	4 vol.
Pivoine	2 vol.
Les Viveurs d'autrefois	4 vol.
Les Chevaliers du Lansquenet	10 vol.

Sous presse.

Mademoiselle Kérovan.

Ouvrages de G. de La Landelle.

Les Iles de Glace	4 vol.
Une Haine à Bord	2 vol.
Le Morne aux Serpents	2 vol.
Les Princes d'Ébène	5 vol.
Falkar le Rouge	5 vol.

Ouvrages d'Alexandre Dumas fils.

La Dame aux camélias	4 vol.
Tristan le Roux	3 vol.
Aventures de quatre femmes	6 vol.
Le docteur Servans	3 vol.
Le Roman d'une femme	4 vol.
Césarine	1 vol.

Sous presse.

Les Amours véritables.

Impr. de E. Dépée, à Sceaux (Seine).

CATHERINE BLUM

PAR

ALEXANDRE DUMAS.

2

PARIS
ALEXANDRE CADOT, ÉDITEUR,
37, RUE SERPENTE.

1854

I

Rêves d'amour.

Une heure après, comme des oiseaux qui ont pris leur vol, emportés sur une brise du matin, sur un rayon de soleil, sur un murmure des arbres, les deux jeunes gens avaient disparu, et, à leur place, dans la salle basse de la Maison-Neuve, deux hommes courbés sur un plan de la forêt de Villers-Cotterêts traçaient un contour que l'un d'eux eût eu grande tendance à élargir, si l'autre, à chaque erreur, ne l'eût fait rentrer dans les limites convenues.

Ces deux hommes, c'étaient Anastase Raisin, maire de Villers-Cotterêts, et Guillaume Watrin, notre vieil ami.

Ces limites, que le marchand de bois voulait toujours étendre, et que le garde-chef restreignait impitoyablement à la ligne tracée par le compas de l'inspecteur, c'étaient celles de la *vente* achetée par maître Raisin, à la dernière adjudication.

Enfin Guillaume Watrin, secouant la tête en manière d'approbation et cognant son brûle-gueule sur son ongle pour en faire tomber la cendre :

— Savez-vous, dit-il au marchand de bois, que c'est un joli lot pue vous avez là et pas cher du tout?

Monsieur Raisin se redressa à son tour.

— Pas cher du tout, 20,000 fr. ? s'écria-t-il. Bon ! il paraît que l'argent vous est facile à gagner, père Guillaume?

— Ah ! oui, parlons de çà ! répondit celui-ci. Neuf cents livres par an, le logement, le chauffage, tous les jours deux lapins dans la casserole, les jours de grande fête un morceau de sanglier, il y a de quoi devenir millionnaire, avec cela, n'est-ce pas?

— Bah ! dit le marchand de bois en regardant le père Watrin, et souriant de ce fin sourire qu'on pourrait appeler le sourire du commerce, on devient toujours millionnaire quand on veut... relativement parlant, bien entendu !

— Alors, dites-moi un peu votre secret, répondit Guillaume ; ça me fera plaisir, parole d'honneur !

Le marchand de bois regarda de nouveau le garde-chef d'un œil fixe et brillant; puis, comme s'il eût pensé que le moment de faire une si importante ouverture n'était pas encore venu :

— Eh bien ! oui, répondit-il, on vous le dira, le secret, après le dîner en tête-à-tête, le verre à la main, en buvant à la santé de nos enfants respectifs, et, s'il y a moyen de... moyenner, eh bien! entendez-vous, père Guillaume? on fera des affaires.

Le père Guillaume le regarda à son tour en pinçant les lèvres et en secouant la tête, et il était assez difficile de deviner ce qu'il allait répondre à cette quasi-ouverture du maire, lorsque Marianne entra toute effarée.

— Oh! monsieur le maire, s'écria-t-elle, en voilà un malheur !

— Eh! mon Dieu! lequel, madame Watrin? demanda celui-ci avec une certaine inquiétude.

Quant au père Watrin, habitué aux façons de sa femme, il parut moins impressionné que son hôte le marchand de bois.

— Qu'y a-t-il donc ? dit le maire.

— Qu'est-il arrivé, la vieille ? demanda à son tour Watrin.

— Mais il est arrivé, répondit Marianne, que voilà mademoiselle Euphrosine qui dit comme ça qu'elle est indisposée !

— Bah ! ce ne sera rien ! dit le maire, qui, probablement, connaissait sa fille aussi bien que Guillaume connaissait sa femme.

— Oh· la bégueule ! murmnra le garde-chef, qui, de son côté, paraissait avoir fait une appréciation assez exacte du mérite de mademoiselle Euphrosine.

— Mais, continua la mère, c'est qu'elle veut absolument retourner à la ville.

— Allons, bon ! dit M. Raisin ; Chollet est-il là ? s'il était là, il la reconduirait.

— Non, on ne l'a pas encore vu, et c'est, je crois, ce qui a augmenté le mal de la demoiselle.

— Et où est-elle, Euphrosine ?

— Elle est remontée dans la calèche, et elle vous demande.

— Eh bien, soit ! attendez, c'est cela... Au revoir, papa Watrin ! nous avons à causer longuement ; je vais la reconduire, et, dans une heure, — les chevaux sont bons, — dans une heure, je serai ici, et si vous êtes bon garçon...

— Si je suis bon garçon ?

— Eh bien! touchez-là! je ne vous en dis pas davantage... Au revoir, père Guillaume! au revoir, maman Watrin! soignez le gibelotte, et il y aura des épingles pour attacher votre tablier de cuisine!

Et, comme le maire sortait sur ces mots, la vieille le reconduisit en faisant force révérences, et tout en disant :

— Au revoir, monsieur le maire! au revoir! faites bien nos excuses à mademoiselle Euphrosine!

Guillaume, lui, était resté à sa place en secouant la tête. Décidément, il ne s'était pas trompé sur la cause de l'amabilité du maire.

Il s'agissait, comme il l'avait dit, de

lui tirer son bonnet de coton sur les yeux.

Aussi, quand Marianne revint à lui, toute piteuse du départ de mademoiselle Euphrosine, en disant :

— Ah ! mon pauvre vieux, j'espère que tu gronderas Bernard ?

— Et de quoi le gronderai-je ? demanda brusquement le garde-chef.

— Comment ! mais de ce qu'il n'a d'yeux que pour Catherine, et qu'il a à peine salué mademoiselle Raisin.

— C'est qu'il avait vu mademoiselle Raisin à peu près tous les jours depuis dix-huit mois, répondit Guillaume, et que, pendant ces dix-huit mois, il n'a vu que deux fois sa cousine.

— C'est égal... ah! mon Dieu! mon Dieu! murmura Marianne.

Le père Guillaume resta non-seulement insensible à ce désespoir, mais il parut même lui inspirer quelque impatience.

Il regarda sa femme.

— Dis-moi un peu, la mère? demanda-t-il.

— Eh bien, quoi?

— As-tu entendu ce que t'a dit M. le maire?

— A quel propos?

— A propos de la gibelotte, qu'il te recommandait de soigner.

— Oui.

— Eh bien ! c'est un bon conseil, femme, qu'il t'a donné là !

— Mais c'est qu'enfin je voudrais te dire...

— Et puis, il y a aussi la tarte qu'il faudrait enfourner.

— Ah ! oui, je comprends, tu me renvoies ?

— Je ne te renvoie pas ; je te dis simplement d'aller à la cuisine voir si j'y suis.

— C'est bien, dit la mère Watrin blessée dans sa dignité : on y va, à la cuisine ! on y va !

— Regarde ! fit le garde-chef en suivant sa femme des yeux, quand on pense que ça n'est pas plus difficile que ça, d'être aimable, et que tu l'es si rarement !

— Ah ! je suis aimable parce que je m'en vas ?... C'est gracieux, ce que tu dis-là !

Le père Guillaume s'approcha d'une fenêtre, tira sa pipe de sa poche, et se mit à siffloter un air.

— Ah ! oui, continua la mère, c'est joli, ce que tu fais-là ; siffle *la vue* !

Puis, comme elle était arrivée à la porte de la cuisine :

— Enfin !.. dit-elle.

Et elle sortit.

— Oui, murmura Guillaume resté seul, oui, je siffle *la vue*, et je siffle *la vue* parce que je vois les pauvres chers enfants, et que ça me fait plaisir de les voir ! tenez, continua-t-il, quoiqu'il n'eût personne à qui faire partager sa joie, ne dirait-on pas deux anges du bon Dieu, tant ils sont beaux et souriants ? Ils viennent par ici : ne les dérangeons pas !

Et le père Guillaume, continuant de siffler, monta vers sa chambre en sifflant plus bas à mesure qu'ils approchaient, de sorte que, au moment, où il ouvrait la porte de sa chambre, eux apparaissaient sur le seuil de la salle basse.

Mais, du haut de l'escalier où il s'était arrêté pour ne les perdre de vue que le plus tard possible, il murmura ces mots :

— Dieu vous bénisse, enfants !.. Ils ne m'entendent pas : tant mieux ! c'est qu'ils écoutent une autre voix qui chante plus doucement que la mienne !

Guillaume ne se trompait point : cette voix qui n'arrivait pas jusqu'à lui, mais qu'il devinait, c'était la voix céleste de la jeunesse et de l'amour ; et voici ce qu'elle disait par la bouche des deux jeunes gens :

— M'aimeras-tu toujours ? demandait Catherine.

— Toujours ! répondait Bernard.

— Eh bien ! c'est singulier, reprit Catherine, cette promesse, qui devrait me remplir le cœur de joie, me rend au contraire toute triste.

— Pauvre chère Catherine ! murmura Bernard de son accent le plus doux, si je te rends triste en te disant que je t'aime, je ne sais plus que te dire pour t'égayer, alors !

— Bernard, continua la jeune fille répondant à sa pensée bien plus qu'aux paroles de son amant, tes parents sont mariés depuis vingt-six ans, et, sauf quelques petites querelles sans importance, ils vivent aussi heureux que le premier jour de leur mariage... Chaque fois que je les regarde, je me demande si nous serons aussi heureux, et surtout si nous serons heureux aussi longtemps qu'ils l'ont été !

— Et pourquoi pas? dit Bernard.

— Cette question que je te fais, reprit Catherine, si j'avais une mère, ce serait cette mère qui, inquiète pour le bonheur de sa fille, te la ferait elle-même ; mais je n'ai ni père ni mère ; je suis orpheline, et tout mon bonheur, comme tout mon amour, est entre tes mains ! Écoute, Bernard, si tu crois qu'il te soit possible de m'aimer un jour, moins que tu ne m'aimes, rompons à l'instant ! J'en mourrai, je le sais bien ; mais si tu devais ne plus m'aimer un jour, oh ! je préférerais mourir tandis que tu m'aimes plutôt que d'attendre ce jour-là, vois-tu !

— Regarde-moi, Catherine, répondit Bernard, et tu trouveras ma réponse écrite dans mes yeux.

— Mais t'es-tu éprouvé, Bernard ? es-tu

sûr que ce n'est pas l'amitié d'un frère, mais que c'est l'amour d'un amant que tu as pour moi ?

— Je ne me suis pas éprouvé, répondit le jeune homme ; mais tu m'as éprouvé, toi !

— Moi ! et comment cela ? demanda Catherine.

— Par tes dix-huit mois d'absence !... Crois-tu donc que ce ne soit point une épreuve suffisante, que ces dix-huit mois de séparation ? A part mes deux courts voyages à Paris et quelques jours de bonheur depuis ton départ, je n'ai pas vécu, car cela ne s'appelle pas vivre, que de vivre sans son âme, de ne rien aimer, de n'avoir de goût à rien, d'être sans cesse de mauvaise humeur ! Eh ! mon Dieu !. tous ceux qui me connaissent te le diront; ma forêt, cette belle forêt où je suis né, mes grands chênes pleins de murmures, mes beaux hêtres à l'écorce d'argent, eh bien ! depuis ton départ, rien de tout cela ne me plaisait plus !... Autrefois, quand je partais le matin, dans la voix de tous les oiseaux qui s'éveillaient, qui chantaient l'aurore au Seigneur, j'entendais ta voix ! le soir, quand je revenais, et que quittant mes compagnons qui suivaient le sentier, je m'enfonçais dans le bois, c'est qu'il y avait comme un beau fantôme blanc qui m'appelait, qui glissait entre les arbres, qui me montrait mon chemin, qui disparaissait à mesure que je m'approchais de ma maison, et que je retrouvais debout et m'attendant à la porte ! Depuis que tu es partie, Catherine, il n'y a pas eu de matinée où je n'aie dit aux autres : « Où sont donc les oiseaux, je ne les entends plus chanter comme autrefois ! » et il n'y a pas eu de soir où, au lieu d'arriver avant tout le monde, gai, dispos et joyeux, je ne sois arrivé le dernier, las, triste et fatigué !

— Cher Bernard, murmura Catherine, en donnant son beau front à baiser au jeune homme.

— Mais depuis que tu es là, Catherine, continua Bernard avec cet enthousiasme juvénil qui n'appartient qu'aux premiers battements du cœur, aux premiers rêves de l'imagination, depuis que tu es là, tout est changé ! les oiseaux sont revenus dans les branches; mon beau fantôme, j'en suis sûr, m'attend là-bas, sous la futaie, pour me faire quitter le sentier et me guider vers la maison... et sur le seuil de cette maison, oh! sur ce seuil, je suis sûr aussi de retrouver, non plus le fantôme de l'amour, mais la réalité du bonheur!

— Oh! mon Bernard, combien je t'aime! s'écria Catherine.

— Et puis... et puis, continua Bernard en fronçant le sourcil et en passant la main sur son front, et puis... Mais non, je ne veux pas te parler de cela!

— Parle-moi de tout! dis-moi tout! je veux tout savoir!

— Et puis, ce matin, Catherine, quand ce mauvais esprit de Mathieu m'a montré cette lettre du Parisien... la lettre où cet homme te parlait, à toi, ma Catherine, à qui je ne parle, moi, que comme à la Sainte Vierge, où cet homme te parlait, à toi, mon beau muguet des bois, ainsi qu'il parle à ces filles de la ville, eh bien! j'ai senti une telle douleur, que j'ai cru que j'allais mourir, et en même temps, une telle rage, que je me suis dit : « Je vais mourir, soit! mais, avant de mourir, oh! du moins je le tuerai! »

— Oui, dit Catherine de sa voix la plus caressante, et voilà pourquoi tu es parti par la route de Gondreville avec ton fusil chargé, au lieu d'attendre tranquillement ici ta Catherine! Voilà pourquoi tu as fait six lieues en deux heures et demie, au risque de mourir de fatigue et de chaleur! Mais tu as été puni : tu as revu ta Catherine une heure plus tard !... Il est vrai que l'innocente a été punie avec le coupable !.. Jaloux !

— Oh! oui, jaloux! murmura Bernard les dents serrées, tu as dit le mot! Oh! tu ne sais pas ce que c'est que la jalousie, toi!

— Si! un instant, j'ai été jalouse, dit Catherine en riant ; mais sois tranquille, je ne le suis plus !

— C'est-à-dire, vois-tu, continua Bernard en portant son poing fermé à son front, c'est-à-dire que, si le malheur eût voulu que tu n'eusses pas reçu cette lettre, ou que, l'ayant reçue, tu n'eusses rien changé à ta route ; que si, enfin, tu fusses venue par Villers-Cotterêts, et que tu eusses rencontré ce fat... tiens ! tiens ! tiens ! à cette seule pensée, Catherine, ma main s'étend vers mon fusil, et...

— Tais-toi ! s'écria Catherine effrayée

de l'expression qu'avait prise la figure du jeune homme, et, en même temps, comme frappée d'une apparition.

— Moi, me taire ! et pourquoi me taire ? demanda le jeune homme.

— Là ! là ! là ! murmura Catherine en approchant sa bouche de l'oreille de Bernard, là !... il est là, sur la porte !

— Lui ! s'écria Bernard. Et que vient-il faire ici ?

— Silence ! dit Catherine en pressant le bras du jeune homme ; c'est ta mère elle-même qui l'a invité à venir avec M. le maire et mademoiselle Euphrosine... Bernard, il est ton hôte !

En effet, un jeune homme d'une mise

élégante, en redingote du matin, en cravate de couleur, et une cravache à la main, venait de paraître sur le seuil, et, voyant les deux jeunes gens presque dans les bras l'un de l'autre, semblait se demander s'il devait entrer ou sortir.

Le regard de Bernard se croisa en ce moment avec le sien.

Les yeux du jeune garde lançaient des éclairs.

Le Parisien comprit instinctivement qu'il venait de tomber dans la caverne du tigre.

— Pardon ! monsieur Bernard, murmura-t-il, mais je cherchais...

— Oui, répondit celui-ci, et, en cherchant, vous avez trouvé ce que vous ne cherchiez pas?

— Bernard ! fit tout bas Catherine, Bernard !

— Laisse ! dit le jeune garde en essayant de se débarrasser de l'étreinte de Catherine ; j'ai quelques mots à dire à M. Chollet ; ces mots dits, la question clairement et nettement posée entre nous, tout sera fini.

— Bernard! insista Catherine, du calme, du sang-froid !

— Sois tranquille... seulement, laisse-moi dire deux mots à... monsieur ! ou, ma foi... au lieu de deux je lui en dirai quatre !

— Soit ! mais...

— Mais je te dis d'être tranquille !

Et, avec un mouvement à la violence duquel il n'y avait point à se tromper, Bernard poussa Catherine du côté de la porte.

La jeune fille comprit que tout obstacle physique ou moral ne ferait qu'augmenter la colère de son amant ; elle se retira les mains jointes, et se contentant de le supplier du regard.

La porte de la cuisine refermée sur Catherine, les deux jeunes gens se trouvèrent seuls.

Bernard s'assura que la porte était bien fermée, en y allant lui-même et en assujétissant le loquet dans son arête.

Puis, revenant au Parisien :

— Eh bien! moi aussi, Monsieur, lui dit-il je cherchais quelque chose ou plutôt quelqu'un ; mais, plus heureux que vous, ce quelqu'un je l'ai trouvé. Je vous cherchais, monsieur Chollet?

— Moi ?

— Oui, vous !

Le jeune homme sourit. Du moment où un homme l'attaquait, il allait répondre en homme.

— Vous me cherchiez ?

— Oui.

— Mais je ne suis pas difficile à trouver, ce me semble.

— Excepté cependant quand vous partez le matin en tilbury pour aller attendre la diligence de Paris sur la route de Gondreville.

Le jeune homme se redressa et avec un dédaigneux sourire :

— Je sors le matin à l'heure qui me convient, dit-il, et je vais où il me plaît, monsieur Bernard. Cela ne regarde que moi.

— Vous avez parfaitement raison, monsieur; chacun est libre de ses actions ; mais il y a une vérité que vous ne contesterez pas plus, je l'espère, quoiqu'elle vienne de moi, que je ne conteste celle qui vient de vous.

— Laquelle?

— C'est que chacun est maître de son bien.

— Je ne le conteste pas, monsieur Bernard.

— Maintenant, vous comprenez, monsieur Chollet, mon bien, c'est mon champ, si je suis métayer; c'est ma bergerie, si je suis éleveur de bestiaux; c'est ma ferme, si je suis fermier... Eh bien! un sanglier sort de la forêt et vient dévaster mon champ : je me mets à l'affût, et je tue le sanglier; un loup sort du bois pour étrangler mes moutons : j'envoie une balle au loup, et le loup en est pour sa balle! un renard entre dans ma ferme et étrangle mes poules : je prends le renard au piége, et je lui écrase la tête à coups de talons de bottes! Tant que le champ n'était point à moi, tant que les moutons ne m'appartenaient pas, tant que les poules étaient à d'autres, je ne me reconnaissais pas ce droit ; mais, du moment où champ, moutons et poules sont à moi, c'est différent !... Ah ! à propos, monsieur Chollet, j'ai l'honneur de vous annoncer que, sauf le consentement du père et de la mère, je vais épouser Catherine, et que, dans quinze jours, Catherine sera ma femme, ma femme à moi, mon bien, ma propriété, par conséquent ce qui veut dire : « Gare au sanglier qui viendrait pour dévaster mon champ ! gare au loup qui tournerait autour de ma brebis ! gare au renard qui convoiterait mes poules ! « Maintenant, si vous avez quelques objections à faire à cela, faites les moi, monsieur Chollet, faites-les-moi tout de suite. Je vous écoute.

— Malheureusement, répondit le Parisien qui, tout brave qu'il était, n'était probablement pas fâché qu'on le tirât d'une position fausse ; — malheureusement, vous ne m'écoutez pas seul ?

— Pas seul ?

— Non..... Vous plaît-il que je vous réponde devant une femme et devant un prêtre ?

Bernard se retourna et aperçut effectivement l'abbé Grégoire et Catherine sur le pas de la porte.

— Non... Vous avez raison : silence : dit-il.

—Alors, à demain, n'est-ce pas ? demanda Chollet.

— A demain ! à après demain !... quand vous voudrez, où vous voudrez, comme vous voudrez !

— Très bien.

— Mon ami, interrompit Catherine, trop heureuse que l'arrivée du bon abbé Grégoire lui eût fourni ce moyen d'interruption, voici notre cher abbé Grégoire, que nous aimons de tout notre cœur, et que, moi, pour mon compte, je n'ai pas vu depuis dix-huit mois.

— Bonjour, mes enfants! bonjour! dit l'abbé.

Les deux jeunes hommes échangèrent un dernier regard qui équivalait à une mutuelle provocation, et, tandis que Louis Chollet se retirait en saluant Catherine et l'abbé, Bernard allait, le sourire sur le front et sur les lèvres, baiser la main du bon prêtre en disant :

— Soyez le bienvenu, homme de paix ! dans cette maison où l'on ne demande pas mieux que de vivre en paix !

II

L'abbé Grégoire.

Il y a, dans les existences les plus simples, des événements qui semblent providentiels. L'apparition de l'abbé Grégoire, juste, à point nommé, au moment où les deux jeunes gens allaient probablement échanger un défi, était un de ces événements-là.

Aussi, comme c'était une grande course pour le bon abbé que de venir, entre sa messe basse et ses vêpres, à la Maison-Neuve, où il n'était jamais venu qu'une seule fois; comme rien n'expliquait la présence de l'abbé à l'heure où cette présence se manifestait, Bernard, après lui avoir baisé la main, releva la tête et lui demanda en riant :

— Que venez-vous faire ici, monsieur l'abbé?

— Moi?

— Oui... Je parie, continua Bernard, que vous ne vous doutez pas de ce que vous êtes venu faire, ou plutôt de ce que vous allez faire à la Maison-Neuve !

L'abbé ne chercha pas même à deviner l'espèce d'énigme qui lui était posée.

— L'homme propose, et Dieu dispose, dit-il. Je me tiens à la disposition de Dieu !

Puis il ajouta :

— Quant à moi, je me proposais tout simplement de faire une visite au Père.

— L'avez-vous vu ! demanda Bernard.

— Non ; pas encore, répondit l'abbé.

— Monsieur l'abbé, reprit Bernard en regardant tendrement Catherine, tandis qu'il adressait la parole au prêtre, vous êtes toujours le bienvenu, mais mieux venu encore aujourd'hui que les autres jours !

— Oui, je devine, dit l'abbé, à cause de l'arrivée de la chère enfant.

— Un peu à cause de cela, cher abbé; beaucoup à cause d'autre chose.

— Eh bien! mes enfants, dit l'abbé, cherchant des yeux une chaise, vous allez me raconter cela.

Bernard courut à un fauteuil, et, le mettant à portée du prêtre, qui, fatigué de la course, ne se fit point prier pour s'asseoir :

— Ecoutez, monsieur l'abbé, dit-il, je devrais peut-être vous faire un grand discours, mais j'aime mieux vous dire la chose en deux mots. Nous voulons nous marier, Catherine et moi.

— Ah! ah!..... Et tu aimes Catherine, garçon? demanda l'abbé Grégoire.

— Je crois bien que je l'aime !

— Et toi, tu aimes Bernard, mon enfant?

— Oh ! de toute mon âme !

— Mais cette confidence appartient, ce me semble, aux grands parents.

— Oui monsieur l'abbé, dit Bernard ; mais vous êtes l'ami de mon père, vous êtes le confesseur de ma mère, vous êtes notre cher abbé à tous : eh bien ! causez de cela avec le père Guillaume, lequel en causera avec la mère Marianne... Tâchez de nous avoir leur consentement, ce qui, je l'espère, ne sera pas une chose difficile, et vous verrez deux jeunes gens bien heureux !... Eh ! tenez, ajouta Bernard en posant sa main sur l'épaule de l'abbé, voici le père Guillaume qui sort de sa chambre... vous connaissez la redoute qu'il s'agit d'emporter, chargez à fond ! pendant ce temps-là, nous nous promènerons, Catherine et moi. en chantant vos louanges... Viens, Catherine !

Et tous deux, joyeux et légers comme des oiseaux, prirent leur vol vers la porte, et, de la porte, à travers le bois.

Pendant ce temps, le père Guillaume s'était arrêté sur le palier, et l'abbé Grégoire, se retournant de son côté, le saluait de la main.

— Je vous avais vu venir de loin, commença le père Guillaume, et je me disais : « C'est l'abbé ! mais ; nom d'un nom ! c'est l'abbé ! » Seulement, je n'y pouvais pas croire. Quelle chance ! aujourd'hui, justement !... Je parie que vous venez, non pas pour nous, mais pour Catherine ?

— Eh bien ! non, vous vous trompez, car j'ignorais son arrivée.

— Alors, vous n'en aurez été que plus joyeux de la trouver ici, n'est-ce pas ? Hein ! comme elle est embellie !... Vous restez à dîner, j'espère ? Ah ! je vous en préviens, monsieur l'abbé, tout ce qui entre aujourd'hui dans la maison n'en sort plus qu'à deux heures du matin.

Et le père Guillaume se mit à descendre, tendant ses deux mains ouvertes à l'abbé Grégoire.

— Deux heures du matin ! répéta l'abbé;

mais cela ne me sera jamais arrivé, de me coucher à deux heures du matin !

— Bah ! et le jour de la messe de minuit, donc ?

— Comment m'en irai-je ?

— M. le maire vous reconduira dans sa calèche.

L'abbé secoua la tête.

— Heu ! dit-il, nous ne sommes pas très bien, le maire et moi !

— C'est votre faute, dit Guillaume.

— Comment, ma faute ? demanda l'abbé, étonné que son vieil ami le garde-chef lui donnât tort ainsi de prime-abord.

— Oh ! oui, vous avez eu le malheur de dire devant lui :

> Le bien d'autrui tu ne prendras
> Ni retiendras à ton escient !

— Eh bien, reprit l'abbé, je ne dis pas que, au risque de m'en retourner, la nuit, à pied, je ne serai pas des vôtres. D'ailleurs, je m'en doutais en venant ici, que j'y resterais plus longtemps que de raison, et j'ai prié M. le curé de me remplacer à vêpres et au salut.

— Bravo ! comme vous me rendez toute ma belle humeur, l'abbé !

— Tant mieux ! dit celui-ci en appuyant son bras sur celui du garde-chef, car j'ai besoin de vous trouver dans ces dispositions-là !

— Moi ? fit Guillaume avec étonnement.

— Oui... Vous êtes un peu grognon parfois.

— Allons donc !

— Et aujourd'hui... justement...

L'abbé s'arrêta en regardant Guillaume d'une singulière façon.

— Quoi ? demanda le garde-chef.

— Eh bien ! aujourd'hui, j'ai par-ci par-là deux ou trois choses à vous demander.

— A moi, deux ou trois choses ?

— Voyons, mettons deux, afin de ne pas vous effrayer.

— Pour qui ?

— Vous devez, au reste, être accoutumé à cela, père Guillaume ; chaque fois que j'étends la main vers vous, c'est pour vous dire : « Mon cher monsieur Watrin, la charité, s'il vous plaît ! »

— Eh bien ! qu'est-ce ? Voyons ! demanda en riant le père Guillaume.

— Il s'agit d'abord du vieux Pierre.

— Ah ! oui, pauvre diable ! je sais son malheur. Ce vagabond de Mathieu est parvenu à le faire renvoyer de chez M. Raisin.

— Il y était depuis vingt ans, et, à cause d'une lettre perdue avant-hier...

— M. Raisin a eu tort, dit le père Guillaume ; je le lui ai déjà dit ce matin, et vous le lui répèterez quand il va revenir. On ne chasse pas un serviteur de vingt ans : un serviteur de vingt ans, c'est une portion de la famille. Moi, je ne chasserais pas un chien qui serait resté dix ans dans ma cour !

— Ah ! je connais votre bon cœur, père Guillaume : aussi je me suis mis, dès le matin, en route, afin de faire une collecte pour le bonhomme... Les uns m'ont donné dix sous, les autres vingt... Alors j'ai pensé à vous ; Je me suis dit : « Je vais aller à la Maison-Neuve du chemin de Soissons ; c'est une lieu et demie pour aller, une lieue et demie pour revenir, trois lieues en tout. Je taxerai le père Guillaume à vingt sous par lieue, et cela fera trois francs .. Sans compter que j'aurai le plaisir de lui serrer la main ! »

— Dieu vous récompense, Monsieur l'abbé ! car vous êtes un brave cœur !

Et le père Guillaume, fouillant à sa poche, en tira deux pièces de cinq francs qu'il donna à l'abbé Grégoire.

— Oh ! dit l'abbé, dix francs? C'est beaucoup pour votre petite fortune, cher monsieur Watrin !

— Je dois quelque chose de plus que les autres, puisque c'est moi qui ai recueilli ce louveteau de Mathieu, et que c'est en quelque sorte de chez moi qu'il est sorti pour faire le mal.

J'aimerais mieux, dit l'abbé en tournant les pièces de cinq francs entre ses doigts, comme s'il eût eu remords de priver le pauvre ménage d'une pareille somme, j'aimerais mieux, cher papa Guillaume, que vous ne me donnassiez que trois francs, ou même rien du tout, et que vous lui permissiez de ramasser un peu de bois sur votre garderie.

Le père Guillaume regarda l'abbé entre les deux yeux, comme on dit ; puis, avec une admirable expression de naïve honnêteté :

— Le bois appartient à monseigneur le duc d'Orléans, mon cher abbé, dit-il, tandis que l'argent est à moi. Prenez donc l'argent, et que Pierre se garde de toucher au bois !... Maintenant, voilà une affaire réglée ; passons à l'autre. Voyons ! qu'avez-vous encore à me demander ?

— Je me suis chargé d'une pétition.

— Pour qui ?

— Pour vous.

— Une pétition pour moi ? Bon ! voyons-la.

— Elle est verbale.

— De qui cette pétition ?

— De Bernard.

— Que veut-il ?

— Il veut...

— Eh bien ! achevez donc !

— Eh bien ! il veut se marier !

— Oh ! oh ! oh ! fit le père Guillaume.

— Pourquoi donc *oh! oh! oh?* N'est-il pas en âge ? demanda l'abbé Grégoire.

— Si fait ! mais avec qui veut-il se marier ?

— Avec une bonne fille qu'il aime et dont il est aimé.

— Pourvu que ce ne soit pas mademoiselle Euphrosine qu'il aime, je lui permets de prendre pour femme qui il voudra, fût-ce ma grand'mère !

— Tranquillisez-vous, mon brave ami ! la femme qu'il aime, c'est Catherine.

— Vrai ? vrai ? s'écria le père Guillaume joyeux ; Bernard aime Catherine, et Catherine l'aime ?

— Ne vous en doutiez-vous pas ? demanda l'abbé Grégoire.

— Oh ! si ! j'avais peur de me tromper !

— Vous consentez, alors ?

— De grand cœur ! s'écria le père Guillaume.

Puis, s'arrêtant tout à coup :

— Mais... dit-il.

— Mais quoi ?

— Mais, seulement, il faut en parler à la vieille... Tout ce que nous avons fait depuis vingt-six ans, nous l'avons fait d'accord. Bernard est son fils comme le mien : il faut donc en parler à la vieille... Oui, oui, continua le père Guillaume, c'est nécessaire !

Alors, allant ouvrir la porte de la cuisine :

— Eh ! la Mère, cria-t-il, viens ici !

Puis, se rapprochant de l'abbé en serrant sa pipe entre ses dents et en se frottant les mains, ce qui était chez le père Guillaume le signe de la plus haute satisfaction :

— Ah ! ah ! ce coquin de Bernard, ajouta-t-il, c'est bien la bêtise la plus spirituelle qu'il aura faite de sa vie !

En ce moment, la mère Watrin parut sur la porte de sa cuisine, s'essuyant le front avec son tablier blanc.

— Eh bien ! voyons, qu'y a-t-il demanda-t-elle.

— Viens ici, on te dit ! répondit Guillaume.

— Ah ! faut-il être bête de me déranger

comme ça au moment de pétrir ma pâte !

Puis, tout à coup, apercevant son hôte, qu'elle n'avait pas encore vu :

— Tiens ! M. l'abbé Grégoire, s'écria-t-elle. Votre servante, Monsieur l'abbé ! Je ne savais point que vous fussiez là ; sans quoi, on n'eût pas eu besoin de m'appeler.

— Bon ! dit Guillaume à l'abbé, entendez-vous, entendez-vous ? la voilà partie !

— Vous vous portez bien ? continua la mère Watrin ; et votre nièce, Mademoiselle Alexandrine, elle se porte bien aussi? Vous savez que tout le monde est en joie dans la maison, à cause du retour de Catherine ?

— Bien! bien! bien!... Vous m'aiderez à lui mettre une martingale, n'est-ce pas, Monsieur l'abbé, si je n'en viens pas à bout tout seul?

— Pourquoi m'as-tu appelée, alors, répliqua Marianne avec un reste d'aigreur qu'elle avait conservé de sa dernière sortie, si tu m'empêches de complimenter M. l'abbé et de lui demander de ses nouvelles?

— Je tai appelée pour que tu me fasse un plaisir.

— Et lequel?

— Celui de me donner ton opinon en deux mots et sans phrases sur une affaire importante. Bernard veut se marier.

— Bernard! se marier! Et avec qui?

— Avec sa cousine.

— Avec Catherine?

— Avec Catherine, oui... Et, maintenant, ton opinion? Allons, vite!

— Catherine, répondit la mère Watrin, c'est une brave enfant, une bonne fille...

— Ça va bien? continue.

— Qui ne pourrait pas nous faire de honte...

— En route! en route!

— Seulement, elle n'a rien.

— Rien?

— Absolument rien!

— Femme, ne mets pas dans la balance

quelques misérables écus et le malheur de ces pauvres enfants !

— Mais sans argent cependant, vieux, on vit mal !

— Et sans amour on vit bien plus mal encore, va !

— Ah ! c'est vrai, murmura Marianne.

— Quand nous nous sommes mariés, continua le père Guillaume, est-ce que nous en avions, nous, de l'argent? Non, nous étions gueux comme deux rats, sans compter qu'aujourd'hui nous ne sommes pas encore très riches... Eh bien ! qu'aurais-tu dit, alors, si nos parents avaient voulu nous séparer sous prétexte qu'il nous manquait quelques centaines d'écus pour nous mettre en ménage?

— Oui, tout ça est bel et bon, répondit la mère Watrin : aussi, n'est-ce pas là le principal obstacle.

Et elle prononça ces mots d'un ton qui fit comprendre à Guillaume que, s'il avait cru tout fini, il se trompait fort, et qu'il allait surgir quelque difficulté aussi tenace qu'inattendue.

— Bon ! dit Guillaume se raidissant, de son côté, pour la lutte, et, cet obstacle, quel est-il ? Voyons !

— Oh ! tu me comprends bien ! dit Marianne.

— N'importe ! répondit Guillaume, fais comme si je ne te comprenais pas.

— Guillaume, Guillaume, dit la Mère

en secouant la tête, nous ne pouvons pas prendre ce mariage-là sur notre conscience !

— Et pourquoi ça ?

— Dame ! parce que Catherine est hérétique.

— Ah ! femme, femme, s'écria Guillaume en frappant du pied, je me doutais que ce serait là la pierre d'achoppement, et cependant je ne voulais pas y croire.

— Que veux-tu, vieux ! comme j'étais il y a vingt ans, je suis encore aujourd'hui... Je me suis opposée autant que j'ai pu au mariage de sa pauvre mère avec Frédéric Blum. Malheureusement, c'était ta sœur: elle était libre, et elle n'a pas eu besoin de mon consentement ; seulement, je lui ai dit : « Rose, souviens toi de ma prédiction : ça te portera malheur, d'épouser un hérétique ! » Elle ne m'a pas écoutée et s'est mariée, et ma prédiction s'est accomplie... Le père a été tué, la mère est morte, et la petite fille est restée orpheline !

— Ne vas-tu pas lui reprocher ça ?

— Non, mais je lui reproche d'être une hérétique.

— Mais, malheureuse ! s'écria le père Guillaume, sais-tu seulement ce que c'est qu'une hérétique ?

— C'est une créature qui sera damnée !

— Même si elle est honnête ?

— Même si elle est honnête !

— Même si elle est bonne mère, bonne femme, bonne fille ?

— Même si elle est tout ça !

— Même quand elle aurait toutes les vertus ?

— Toutes les vertus n'y font rien, dès qu'elle est hérétique.

Mille millions de sacrements ! s'écria le père Guillaume.

— Jure, si tu veux, dit Marianne ; mais ça n'y changera rien, de jurer !

— Tu as raison : aussi je ne m'en mêle plus !

Puis, se retournant vers le digne prêtre, qui avait écouté toute cette discussion sans prononcer un seul mot :

— Et maintenant, dit-il, monsieur l'abbé, vous avez entendu : ça ne me regarde plus ; c'est votre tour !

Puis, s'élançant hors de la chambre comme un homme pressé de respirer le grand air :

— Oh ! femmes, femmes, s'écria-t-il, que vous avez bien été créées et mises au monde pour damner le genre humain.

Mais elle, pendant ce temps, secouant la tête, murmurait, se parlant à elle-même :

— Non, il a beau dire, c'est impossible ! Bernard n'épousera point une hérétique... Tout ce que l'on voudra, mais pas ça ! Non, non, non, pas ça !

III

Le Père et le Fils.

Le père Guillaume sorti, l'abbé Grégoire et madame Watrin restaient en face l'un de l'autre.

Il va sans dire que l'abbé avait accepté la mission dont le vieux garde-chef l'avait chargé en abandonnant le champ de bataille, non pas en homme vaincu, mais en homme qui craint d'employer, pour vaincre, des armes dont il aurait honte de se servir.

Malheureusement, depuis trente ans que Marianne était sa pénitente, l'abbé Grégoire connaissait bien celle à laquelle il allait avoir affaire; et, comme le péché dominant de la mère Watrin était l'entêtement, il n'avait pas grand espoir de réussir là où Guillaume avait échoué.

Aussi, malgré son air de confiance, ce fut avec un certain doute intérieur qu'il aborda la question.

— Chère madame Watrin, dit-il en s'approchant de la mère, n'avez-vous donc pas d'autre objection à ce mariage que la différence des religions?

— Moi! monsieur l'abbé? répondit la Mère, aucune! mais il me semble que cela suffit.

— Allons! allons! en conscience, mère Watrin, au lieu de dire non, vous devriez dire oui.

— Oh! monsieur l'abbé, s'écria Marianne en levant les yeux au ciel, c'est vous qui me poussez à donner mon consentement à un pareil mariage?

— Sans doute, c'est moi.

— Eh bien! je vous dis que ce serait, au contraire, votre devoir de vous y opposer!

— Mon devoir, chère madame Watrin, est, dans l'étroite voie ou je marche, de donner à ceux qui me suivent le plus de bonheur possible ; mon devoir est de consoler les malheureux, et surtout d'aider à être heureux ceux qui peuvent le devenir !

— Ce mariage serait la perte de l'âme de mon enfant : je refuse !

— Voyons, raisonnons, chère madame Watrin, insista l'abbé : Catherine, quoiqu'elle soit protestante, vous a-t-elle toujours aimée et respectée comme une mère ?

— Oh ! sur ce chapitre-là, je n'ai rien à dire... Toujours ! et c'est une justice à lui rendre !

— Elle est douce, bonne, bienfaisante ?

— Elle est tout ça.

— Pieuse, sincère, modeste?

— Oui.

— Eh bien! alors, chère madame Watrin, que votre conscience se tranquillise : la religion, qui enseigne toutes ces vertus à Catherine, ne perdra point l'âme de votre fils.

— Non, non, monsieur l'abbé; non, ça ne se peut pas! répéta Marianne s'enfonçant de plus en plus dans son aveugle entêtement.

— Je vous en prie! dit l'abbé.

— Non!

— Je vous en supplie!

— Non, non, non!

L'abbé leva les yeux au ciel.

— O mon Dieu! mon Dieu! murmura-t-il, vous si bon, vous si clément, vous si miséricordieux, vous qui n'avez qu'un regard pour juger les hommes, mon Dieu! vous voyez dans quelle erreur est cette mère, qui donne à son aveuglement le nom de piété; mon Dieu! éclairez-la.

— Mais la bonne femme continua de faire des signes de dénégation,

En ce moment le père Guillaume qui, sans doute, avait écouté à la porte, rentra.

— Eh bien! monsieur l'abbé, demanda-t-il en jetant sur sa femme un regard de travers, est-elle devenue plus raisonnable, la vieille?

— Madame Watrin réfléchira, je l'espère, répondit l'abbé.

— Ah ! fit Guillaume en secouant la tête et en se serrant les poings.

Le geste fut vu de la Mère ; mais, dans son impassible entêtement :

— Fais ce que tu voudras, dit-elle ; je sais que tu es le maître ; mais, si tu les maries, ce sera contre mon gré.

— Mille sacrements ! Vous l'entendez, monsieur l'abbé ? dit Watrin.

— Patience ! cher monsieur Guillaume, patience ! répondit l'abbé, voyant que le bonhomme s'échauffait.

— De la patience ? s'écria le vieux : mais l'homme qui aurait de la patience en pa-

reille occasion ne serait pas un homme !
Ce serait une brute qui ne vaudrait pas
une charge de poudre !

— Bah ! dit l'abbé à demi-voix, elle a
bon cœur : soyez tranquille, elle reviendra
d'elle-même.

— Oui, vous avez raison, je ne veux
plus qu'elle accepte mon opinion comme
contrainte et forcée ; je ne veux pas qu'elle
joue la mère désolée, la femme martyre...
Je lui donne toute la journée pour réfléchir, et, si ce soir, elle ne vient pas d'elle-même me dire : « Vieux ! il faut marier les enfants... »

Guillaume jeta un regard de côté sur sa
femme, mais celle-ci secoua la tête ; mouvement qui redoubla l'exaspération du
garde-chef.

— Si elle ne vient pas me dire cela, continua-t-il, eh bien! écoutez, monsieur l'abbé, il y a vingt-six ans que nous sommes ensemble... oui, vingt-six ans au 15 juin prochain... eh bien! monsieur l'abbé : foi d'homme d'honneur! nous nous séparerons comme si c'était d'hier, et nous finirons le peu de jours qui nous restent à vivre, elle de son côté, et moi du mien!

— Que dit-il là? s'écria la vieille.

— Monsieur Watrin! dit l'abbé.

— Je dis... je dis la vérité! entends-tu, femme, entends-tu?

— Oui, oui, j'en'ends!... Oh! malheureuse! malheureuse!

Et la mère Watrin se précipita en sanglotant dans sa cuisine, mais sans faire, si désespérée qu'elle parût être, et qu'elle fût en réalité, un pas dans la voie de la réconciliation.

Restés ensemble, le garde-chef et l'abbé se regardèrent. Ce fut l'abbé qui rompit le premier le silence.

— Mon cher Guillaume, dit-il, voyons, du courage! et surtout du sang-froid?

— Mais avez-vous vu pareille chose? s'écria Watrin furieux; l'avez-vous jamais vue?

— J'ai encore bon espoir, reprit l'abbé, mais évidemment dans le but de consoler le bonhomme plutôt que par conviction; il faut que les enfants la voient, il faut que les enfants lui parlent.

— Elle ne les verra pas, elle ne leur parlera pas ! Il ne sera pas dit qu'elle aura été bonne par pitié ; non, elle sera bonne pour être bonne, ou je n'ai plus rien à faire avec elle. Que les enfants la voient? que les enfants lui parlent? Non, j'en aurais honte ! Je ne veux pas qu'ils sachent qu'ils ont pour mère une pareille sotte.

En ce moment, la tête inquiète de Bernard passa à travers la porte entrebâillée ; Guillaume l'aperçut, et, se tournant vers l'abbé :

— Silence sur la vieille entêtée ! monsieur l'abbé, dit-il, je vous en prie !

Bernard avait remarqué le regard de son père, et le silence dans lequel restait celui-ci ne diminuait pas l'inquiétude du jeune homme.

— Eh bien! père? se décida-t-il à demander d'une voix timide.

— Qui t'a appelé? fit Guillaume.

— Mon père! murmura Bernard presque suppliant.

Cet accent de son fils pénétra jusqu'au cœur de Watrin ; mais il cuirassa son cœur, et, d'une voix aussi brusque que celle de Bernard était persuasive :

— Je te demande qui t'a appelé?... réponds-moi! reprit Watrin.

— Personne, je le sais... mais j'espérais...

— Va-t-en ! tu étais un sot d'espérer.

— Mon père ! mon cher père ! dit Bernard, une bonne parole ! une seule !

— Va-t-en !

— Pour l'amour de Dieu, père !

— Va-t-en, te dis-je ! s'écria le père Guillaume. Il n'y a rien à faire ici pour toi !

Mais la famille Watrin était comme la famille d'Orgon : chacun y avait sa dose d'entêtement. Au lieu de laisser le nuage qui couvrait le front de son père se dissiper, et de revenir plus tard, comme celui-ci le lui conseillait un peu brutalement peut-être, Bernard fit un pas de plus dans la chambre, et, continuant d'insister :

— Père, dit-il d'une voix plus ferme, la mère pleure et ne répond pas; vous pleurez et vous me chassez...

— Tu te trompes, je ne pleure pas.

— Du câlme, Bernard! du calme! dit l'abbé; tout peut changer.

Mais, au lieu de répondre à la voix de l'abbé, Bernard répondit à la voix du désespoir, qui commençait à gronder en lui.

— Oh! malheureux! murmura-t-il, croyant que sa mère consentait au mariage, et que c'était son père qui s'y opposait, — malheureux que je suis! Vingt-cinq ans d'amour pour mon père, et mon père ne m'aime pas !

— Malheureux !... oui, malheureux que tu es, s'écria l'abbé, car tu blasphèmes !

— Mais vous voyez bien que le Père ne m'aime pas, monsieur l'abbé, dit Bernard, puisqu'il me refuse la seule chose qui puisse faire mon bonheur.

— Vous l'entendez ?... s'écria Guillaume s'emportant de sa vieille colère plus encore, que d'une colère nouvelle ; voilà comment ça juge ! Oh ! jeunesse ! jeunesse !

— Mais, continua Bernard, il ne sera pas dit que, pour obéir à un incroyable caprice, j'abandonnerai la pauvre fille ; si elle n'a ici qu'un ami, du moins cet ami lui tiendra lieu de tous les autres.

— Oh! je t'ai déjà dit trois fois de t'en aller, Bernard! s'écria Guillaume.

— Je m'en vais, dit le jeune homme; mais j'ai vingt-cinq ans, vingt-cinq ans passés; je suis libre de mes actions, et, ce qu'on me refuse si cruellement, eh bien! la loi me donne le droit de le prendre, et je le prendrai!

— La loi! s'écria le père Guillaume exaspéré; je crois, Dieu me pardonne, qu'un fils a dit : *La loi!* devant son père!

— Est-ce ma faute?

— La loi!...

— Vous me poussez à bout !

— La loi !... Hors d'ici !... La loi, à ton père ! Hors d'ici, malheureux, et ne reparais jamais devant mes yeux !... La loi !...

— Mon père, dit Bernard, je m'en vais, puisque vous me chassez ; mais souvenez-vous de cette heure où vous avez dit à votre fils : « Enfant, sors de ma maison ! » et que tout ce qui arrivera retombe sur vous !

Et Bernard, prenant son fusil, s'élança hors de la maison comme un insensé.

Le père Guillaume fut prêt à sauter sur le sien.

L'abbé l'arrêta.

— Que faites-vous, monsieur l'abbé? s'écria le vieux. N'avez-vous pas entendu ce que vient de dire ce misérable?

— Père! père! murmura l'abbé, tu as été trop dur pour ton fils!

— Trop dur! s'écria Guillaume; vous aussi? Est-ce moi qui ai été trop dur, ou la Mère? Vous et Dieu le savez! Trop dur! quand j'avais des larmes plein les yeux en lui parlant; car je l'aime ou plutôt je l'aimais comme on aime son enfant unique... Mais, maintenant, continua le vieux garde d'une voix étouffée, qu'il aille où il voudra, pourvu qu'il s'en aille! qu'il devienne ce qu'il pourra, pourvu que je ne le revoie plus?

— L'injustice engendre l'injustice, Guillaume! dit solennellement l'abbé. Prenez garde, après avoir été dur dans la colère, d'être injuste à cœur reposé... Dieu vous a déjà pardonné la colère et l'emportement : il ne vous pardonnerait pas l'injustice!

L'abbé achevait à peine, que Catherine à son tour entra pâle et effarée dans la salle. Ses grands yeux bleus étaient fixes, et il en tombait de grosses larmes qui, pareilles à des perles, roulaient sur ses joues.

— O cher père! dit-elle regardant avec effroi le visage triste de l'abbé et la physionomie sombre du garde-chef; qu'y a-t-il donc, et que s'est-il passé?

— Bon! voilà l'autre, maintenant! murmura Guillaume en tirant sa pipe de sa bouche, et en la remettant dans sa poche, ce qui était chez lui un signe de suprême émotion.

— Bernard m'a embrassée trois fois en pleurant, continua Catherine; il a pris son chapeau, son couteau de chasse, et il est parti courant comme un fou !

L'abbé se retourna et épongea ses yeux humides avec son mouchoir.

— Bernard... Bernard est un malheureux ! répondit Guillaume, et toi... toi...

Sans doute allait-il confondre Catherine dans la malédiction, mais son regard irrité rencontra le regard doux et suppliant de la jeune fille, et ce qui restait en lui de colère fondit comme la neige sous un rayon de soleil d'avril.

— Et toi... toi... murmura-t-il en s'atendrissant, toi, Catherine, tu es une bonne fille! Embrasse-moi, mon enfant.

Puis, repoussant doucement sa nièce, et se tournant vers l'abbé :

— Monsieur Grégoire, dit-il, c'est vrai, j'ai été dur ; mais, vous le savez, c'est la faute de la mère... Allez et tâchez d'arranger ça avec elle... Quant à moi... quant à moi, je vas faire un tour dans la forêt. J'ai toujours remarqué que l'ombre et la solitude sont pleins de bons conseils.

Et, donnant une poignée de main à l'abbé, mais sans oser regarder du côté de Catherine, il sortit de la maison, traversa diagonalement la route, et alla s'enfoncer dans la futaie en face.

L'abbé, pour éviter une explication, eût bien voulu en faire autant, et il s'acheminait vers la cuisine, endroit où il était à peu près sûr de retrouver la mère Watrin, si désespérée qu'elle fût; mais Catherine l'arrêta.

— Au nom du ciel, monsieur l'abbé, ayez pitié de moi, dit-elle, et racontez-moi ce qui s'est passé ici.

— Mon enfant, répondit le digne vicaire prenant les deux mains de la jeune fille, vous êtes si bonne, si pieuse, si dévouée, que vous ne pouvez avoir que des amis ici-bas et au ciel. Demeurez donc en espérance, n'accusez personne, et laissez à la bonté de Dieu, aux prières des anges, et à l'amour de vos parents, le soin d'arranger les choses.

— Mais, moi, moi, qu'ai-je à faire? demanda Catherine.

— Priez pour qu'un père et un fils qui se sont quittés dans la colère et les larmes se retrouvent dans le pardon et dans la joie !

Et, laissant Catherine un peu plus calme, sinon plus rassurée, il entra dans la cuisine, où la mère Watrin, tout en secouant la tête, en répétant *non! non! non!* et en pleurant, dépouillait ses lapereaux et pétrissait sa pâte.

Catherine regarda s'éloigner l'abbé Grégoire comme elle avait regardé s'éloigner son père adoptif, et ne comprenant pas plus la recommandation de l'un que le silence de l'autre.

— Mon Dieu ! mon Dieu ! se demanda-t-elle tout haut, quelqu'un ne me dira-t-il pas ce qui se passe ici ?

— Si fait, moi ; avec votre permission, mademoiselle Catherine, dit Mathieu apparaissant accoudé à l'appui de la fenêtre.

Cette apparition de Mathieu fut presque une joie pour la pauvre Catherine. Venant en quelque sorte au nom de Bernard, et pour lui donner des nouvelles de Bernard, de hideux qu'il était, le vagabond ne lui sembla plus que laid.

Oh ! oui, oui, s'écria la jeune fille, dis-moi où est Bernard, et pourquoi il est parti !

— Bernard ?

— Oui, oui, mon cher Mathieu, dis, dis ! Je t'écoute.

— Eh bien ! il est parti... eh ! eh !

Mathieu se mit à rire de son gros rire, pendant que Catherine tendait vers lui l'oreille avec anxiété.

— Il est parti, reprit le vagabond, dame !... faut-il vous le dire ?

— Oui, puisque je t'en prie.

— Eh bien ! il est parti parce que M. Watrin l'a chassé.

— Chassé ! le père a chassé le fils ! Et pourquoi ?

— Pourquoi ? parce qu'il voulait vous épouser malgré tout le monde, l'enragé !

— Chassé! chassé à cause de moi! chassé de la maison de son père!

— Oui... Oh! je crois bien! il y a eu des gros mots! Voyez-vous, moi j'étais dans le fournil; j'ai tout entendu... Oh! sans écouter! Je n'écoutais pas, non; mais ils criaient si haut que j'ai bien été forcé d'entendre... Il y a même eu un moment, quand M. Bernard a dit au père Guillaume: « C'est sur vous que retomberont les malheurs qui vont arriver! » il y a même eu un moment où j'ai cru que le vieux allait sauter sur son fusil... Oh! ça se serait mal passé! C'est que le père Guillaume, ce n'est pas comme moi, qui ne puis pas mettre une balle dans une porte cochère à vingt-cinq pas!

— Oh ! mon Dieu ! mon Dieu ! pauvre cher Bernard !

— Ah ! oui, n'est-ce pas, ce qu'il a risqué pour vous, ça vaut bien que vous le revoyiez encore une fois, dites, quand ce ne serait que pour l'empêcher de faire quelque sottise ?

— Oh ! oui, oui, le revoir ! je ne demande pas mieux ; mais comment ?

— Il vous attendra ce soir...

— Il m'attendra ?

— Oui, voilà ce que je suis chargé de vous dire.

— Par qui ?

Par qui ?... par lui, donc !

— Et où cela m'attendra-t-il ?

— A la fontaine du Prince.

— A quelle heure ?

— A neuf heures.

— J'y serai, Mathieu, j'y serai !

— N'y manquez pas, au moins ?

— Je n'ai garde !

— Ça retomberait encore sur moi... c'est qu'il n'est pas tendre, le citoyen Bernard ! ce matin il m'a envoyé un soufflet, que la joue m'en cuit encore ! mais je suis bon garçon, moi, je n'ai pas de rancune.

— Sois tranquille, mon bon Mathieu,

dit Catherine en remontant à sa chambre; oh ! Dieu te récompensera !

— Je l'espère bien, dit Mathieu en la suivant des yeux jusqu'au moment où la porte se fut refermée sur elle.

Puis, alors, avec un sourire de démon qui voit une pauvre âme innocente donner dans son piége, il se retourna du côté de la forêt, dans laquelle il entra à grands pas, tout en faisant des signes.

A ces signes un cavalier qui se tenait à quelque distance accourut.

— Eh bien ? demanda-t-il à Mathieu en arrêtant court son cheval en face du vagabond.

— Eh bien ! tout va à merveille, l'autre a tant fait de sottises, qu'il paraît qu'on en a assez comme ça ; et puis on regrette Paris.

— Que dois-je faire ?

— Ce que vous devez faire ?

— Oui.

— Le ferez-vous ?

Sans doute.

— Eh bien ! courez à Villers-Cotterêts, bourrez vos poches d'argent... A huit heures à la fête de Corcy, et, à neuf heures...

— A neuf heures ?

— Eh bien ! quelqu'un qui n'a pas pu vous parler ce matin, quelqu'un qui n'est pas revenu par Gondreville, uniquement de peur de scandale, ce quelqu'un-là vous attendra à la fontaine du Prince.

— Mais elle consent donc à partir avec moi? s'écria le Parisien tout joyeux.

— Elle consent à tout! dit le vagabond.

— Mathieu, reprit le jeune homme, il y a vingt-cinq louis pour toi, si tu ne m'as pas menti!... À ce soir, neuf heures!

Et, enfonçant ses éperons dans le ventre de son cheval, il s'éloigna au galop dans la direction de Villers-Cotterêts.

— Vingt-cinq louis! murmura Mathieu en le regardant fuir à travers les arbres, c'est un joli denier, sans compter la vengeance!... Ah! je suis une chouette! ah! la chouette est un oiseau de mauvais augure!... Monsieur Bernard, la chouette vous dit bonsoir!

Et, rapprochant ses deux mains de la bouche, il fit entendre deux fois le cri de la chouette.

— Bonsoir, monsieur Bernard!

Et il s'enfonça au plus épais de la futaie, dans la direction du village de Corcy.

IV

La Fête de village.

Il y a vingt-cinq ans, c'est-à-dire à l'époque où se passaient les évènements que nous avons entrepris de raconter, les fêtes des villages situés aux environs de Villers-Cotterêts étaient de véritables fêtes, non-seulement pour ces villages, mais encore pour la ville autour de laquelle ces villages rayonnent comme des satellites autour de leur planète.

C'était surtout au commencement de l'année, quand les premières fêtes coïncidaient avec les premiers beaux jours; quand, aux jeunes rayons du soleil de mai, un de ces villages s'éveillait tout à coup caquetant et chantant sous la feuillée comme un nid de fauvettes ou de mésanges nouvellement éclos; — c'était surtout à ce moment-là, disons-nous, que la fête présentait un nouveau charme, un double attrait.

Alors, quinze jours d'avance dans le village, huit jours d'avance à la ville, commençaient des préparatifs de coquetterie de la part de tous ceux à qui revenait, soit en intérêt, soit en spéculation, soit en plaisir, une part quelconque de cette fête.

Les cabarets ciraient leurs tables, frottaient leurs carreaux, récuraient leurs gobelets d'étain, mettaient des bouchons neufs à leur porte.

Les ménétriers balayaient, ésherbaient, piétinaient la place sur laquelle on devait danser.

Les guinguettes improvisées s'élevaient sous les arbres, comme les tentes, non pas d'un champ de bataille, mais d'un camp de plaisir.

Enfin, jeunes gens et jeunes filles apprêtaient leurs toilettes, de même qu'avant une grande revue les soldats qui doivent y prendre part apprêtent leurs armes.

Le matin de ce fameux jour, tout s'éveillait de bonne heure, tout vivait, tout agissait, tout se préparait dès l'aube.

Les jeux de bagues fixaient leur mécanique tournante ; les roulettes en plein air s'affermissaient sur leur quatre pieds boiteux; les poupées de plâtre destinées à être brisées par les balles de l'arbalète s'alignaient sur leurs pals ; les lapins attendaient tristement, craintifs et les oreilles couchées sur le cou, l'heure où un anneau adroitement enfilé dans un piquet disposerait de leur sort et les ferait passer du panier du spéculateur dans la casserole du gagnant.

Pour le village, dès le matin, la fête était donc la fête.

Il n'en était pas de même pour les représentants que la ville devait envoyer à cette fête, et qui ne partaient que vers trois ou quatre heures de l'après-midi, — à moins que des invitations particulières ou des liens de famille avec les fermiers ou les principaux habitants du village ne changeassent pour eux les habitudes générales.

Donc, vers trois ou quatre heures de l'après-midi, selon que le village était plus ou moins distant de la ville, une longue procession commençait à se dérouler sur la route.

Elle se composait de fashionables à cheval, d'aristocrates en voiture, et de membres du tiers-état à pied.

Ces membres du tiers-état, c'étaient les clercs de notaire, les commis des contributions, les ouvriers élégants, ayant sous le bras chacun une jolie fille en bonnet à rubans roses ou bleus, narguant sous sa jupe de jaconas ou d'indienne avec ses yeux vifs et ses dents blanches, la dame en chapeau et en char-à-bancs qui passait orgueilleusement près d'elle.

A cinq heures, tout le monde était au rendez-vous, et la fête avait sa véritable signification, car elle contenait les trois éléments constitutifs : aristocrates, bourgeois, paysans.

Tout cela dansait dans la même enceinte, c'est vrai, mais cependant sans se mêler; chaque caste formait son quadrille, et, si l'un de ces quadrilles était enviable et envié, c'était celui des grisettes aux rubans roses et bleus.

A neuf heures du soir le chapelet de la danse s'égrenait; tout ce qui appartenait à la ville reprenait le chemin de la ville : aristocrates en voiture; clercs, commis, ouvriers et grisettes à pied.

C'étaient ces longs retours sous l'ombre des grands arbres, sous les rayons tamisés de la lune, sous les premières brises chaudes de l'année, qui étaient charmants.

Ces fêtes étaient plus ou moins courues, selon l'importance des villages ou selon leur situation plus ou moins pittoresque.

Sous ce rapport, Corcy était placé au premier rang.

Rien de plus gracieux que ce petit village, situé à l'entrée des vallées de Nadon, et formant un angle aigu avec les étangs de la Ramée et de Javaye.

A dix minutes du chemin de Corcy, il y a surtout un site d'un caractère tout particulier, doux et sauvage à la fois ; on l'appelle la fontaine du Prince.

Rappelons ici, en passant, que c'était auprès de cette fontaine que Mathieu avait donné son double rendez-vous au Parisien et à Catherine, et revenons à Corcy.

Dès quatre heures de l'après-midi, Corcy était donc en pleine fête.

Transportons nos lecteurs, non pas précisément au milieu de cette fête, mais à la porte d'un de ces cabarets improvisés dont nous parlions tout à l'heure.

Ce cabaret, qui revivait tous les ans, pendant trois jours, d'une vie nouvelle et éphémère, était une ancienne maison de garde abandonnée, et qui, par suite de cet abandon, restait fermée trois cent soixante jours par année.

Pendant les trois jours de fête, l'inspecteur mettait cette maison à la disposition d'une bonne femme nommée la mère Tellier, de son état cabaretière à Corcy, laquelle faisait de cette maison une succursale de son établissement.

La fête durait trois jours, disons-nous. Des cinq jours que nous avons distraits de l'année, le premier fait la veille, le dernier le lendemain, c'est-à-dire que le premier représente les préparatifs de la fête et le dernier le rangement obligé qui suit la fête.

Tant que la fête durait, le cabaret vivait, buvait, chantait : on l'eût dit éternel.

Puis il se renfermait pour trois cent soixante autres jours, pendant lesquels il restait morne, silencieux, endormi, en léthargie : on l'eût dit mort.

Il était situé à moitié chemin de Corcy à

la fontaine du Prince, de sorte qu'il offrait une halte toute naturelle à ceux qui allaient à la fontaine.

Et entre les contredanses, vu le charme du site et ce besoin de solitude si naturel aux amoureux, tout le monde allait du village à la fontaine et s'arrêtait au cabaret de la mère Tellier pour boire un verre de vin et manger un quartier de flan à la crème.

Vers cinq, six et sept heures, l'établissement momentané de la mère Tellier était donc à l'apogée de sa splendeur, puis, peu à peu, il se démeublait, devenait de plus en plus solitaire, et, en général, vers dix heures du soir, il fermait ses paupières de bois et s'endormait sous la garde d'une jeune fille nommée Babet, qui suppléait la mère Tellier et était honorée de toute sa confiance.

Le lendemain, dès le point du jour, il bâillait d'abord à la porte, puis, l'un après l'autre, ouvrait ses deux volets, et comme la veille attendait résolûment les consommateurs.

Les consommateurs se tenaient de préférence sous une espèce de marquise champêtre, formée à l'extérieur de la maison par des lierres, des vignes et des liserons, montant le long de piliers qui supportaient cet avant toit de verdure.

En face, au pied d'un hêtre, géant d'un autre âge et qui semblait entouré de ses enfants, s'élevait une hutte de feuillage sous laquelle rafraîchissait le jour le vin qu'on rentrait le soir, la confiance de la mère Tellier dans la sobriété et la probité de ses compatriotes n'allant pas jusqu'à laisser le liquide tentateur passer la nuit au grand air, si rafraîchissant qu'il fût, comparé à l'air du jour.

Or, vers sept heures du soir, en même temps que la place de la fête présentait l'aspect le plus animé, la succursale du cabaret de la mère Tellier offrait de son côté celui d'une réunion des plus brillantes.

Elle se composait de buveurs de vin à dix, à douze et à quinze sous, — la mère Tellier avait trois prix, — et de consommateurs de flan et de frangipane.

Quelques-uns plus affamés allaient cependant jusqu'à l'omelette, la salade au lard ou le saucisson.

Cinq tables sur six étaient occupées et la mère Tellier et mademoiselle Babet suffisaient à peine à faire face aux fréquents appels des consommateurs.

A l'une de ces tables étaient assis deux des gardes qui avaient assisté le matin à la chasse du sanglier détourné par notre ami François.

Ces deux gardes, c'étaient Bobineau et Lajeunesse.

Bobineau, gros bonhomme tout rond, à l'œil à fleur de tête, à la figure épanouie, natif d'Aix en Provence, tout gai, passant sa vie à blaguer les autres et à être blagué lui-même, grasseyant en parlant, comme un véritable Provençal qu'il était, plein de verve dans l'attaque comme dans la défense, et, dans l'un ou l'autre cas, trouvant des mots qu'on cite encore aujourd'hui qu'il est mort depuis quinze ans.

Lajeunesse, grand, sec, maigre, baptisé de ce nom juvénil en 1784, par le duc d'Orléans Philippe-Égalité, parce qu'à cette époque, il était le plus jeune des gardes, et qu'il avait conservé son sobriquet, quoiqu'il en fût devenu à peu près le plus vieux, était aussi grave que Bobineau était rieur, aussi sobre de paroles que Bobineau était bavard.

A gauche de la maison, sur sa face orientale, le reste d'une haie, qui, peut-être, autrefois, s'était prolongée carrément pour faire une espèce d'enclos à la maison, mais qui, aujourd'hui, se contentait d'aller, par un retour de cinq ou six pied, jusqu'à la hutte en feuillages, au-delà de laquelle elle disparaissait, laissant l'abord de la maison parfaitement libre.

Derrière cette haie, ouverte par une porte dont la partie solide était absente et dont il ne restait plus que les deux poteaux, une espèce de monticule couronné par un grand chêne au pied couvert de mousse et dominant la petite vallée où coule la fontaine du Prince.

Au pied de ce monticule, en dehors de la haie, Mathieu jouait aux quilles, nous allions dire avec trois ou quatre garnements de son espèce, mais nous nous reprenons, les garnements de son espèce étant assez rares pour qu'on n'en fasse point si facile collection.

Plus loin, sous l'ombre mystérieuse de la forêt, sur ce tapis de mousse, qui assourdit les pas aux troisième, quatrième et cinquième plans, comme on dit au théâtre, dans le crépulcule qui commençait à tomber, passait, s'effaçant de plus en plus, selon leur plus ou moins d'éloignement, les promeneurs solitaires ou accouplés.

Puis, comme un accompagnement aux voix des buveurs, des mangeurs, des joueurs de quilles et des promeneurs, on entendait le son des violons et le cri de la clarinette, qui ne s'éteignaient à distance égale que juste ce qu'il fallait de temps aux cavaliers pour reconduire les danseuses à leurs bancs, choisir une autre dame et se remettre en place pour une nouvelle contredanse.

Et maintenant que notre toile est levée, que notre mise en scène est rendue compréhensible par l'explication, ramenons nos lecteurs sous la treille de la mère Tellier, occupée à servir en ce moment un sybarite qui a demandé une omelette au lard et du vin à douze, tandis que Babet apporte à Bobineau et à Lajeunesse un morceau de fromage, de la grosseur d'une brique, lequel les aidera à finir leur seconde bouteille de vin.

— Eh bien ! voilà ce que c'est, disait de son air grave Lajeunesse à Bobineau, lequel, d'autant plus penché en arrière que l'autre était penché en avant, l'écoutait avec son air gouailleur, et, si tu en doutes, tu pourras le voir de tes propres yeux. Quand je dis propres, tu comprends, c'est une manière de parler. Celui dont je te parle est un nouveau venu ; il arrive d'Allemagne, du pays du père à Catherine, et il s'appelle Mildet.

— Et où va-t-il demeurer, ce gaillard-là ? demanda Bobineau avec ce charmant accent provençal que nous avons déjà dit lui être particulier.

— A l'autre bout de la forêt, à Montaigu; il a une petite carabine, pas plus haute que ça. Quinze pouces de canon, du calibre 30, des balles comme des chevrotines. Il vous prend un fer à cheval, il le cloue le long de la muraille, et, à cinquante pas, il met, les unes après les autres, une balle dans chacun de ses trous.

— Troun de l'air, dit Robineau, prononçant son juron familier en riant comme d'habitude, si bien que la muraille est percée ! Pourquoi donc ne se fait-il pas maréchal, ce gaillard-là, il n'aurait pas peur des coups de pied de chevaux,.. Quand je verrai ça, je le croirai, n'est-ce pas, Molicar ?

Cette interpellation s'adressait à un nouveau venu, qui, après avoir été butter dans les quilles de Mathieu, faisait son entrée, accompagné des malédictions des joueurs, lesquels le menaçaient de prendre ses jambes, passablement avinées, comme un supplément à leur jeu.

A son nom, le disciple de Bacchus, comme on disait encore à cette époque-là, au Caveau moderne, à l'agonie de laquelle j'ai eu la douleur d'assister — à son nom, disons-nous — Molicar se retourna et, reconnaissant comme à travers un brouillard celui qui l'avait interpellé :

— Ah ! murmura-t-il en écarquillant les yeux et en arrondissant la bouche, c'est toi, Bobineau ?

— Oui, c'est moi.

— Et tu dis ?... Répète un peu ce que tu disais, tu me feras plaisir.

— Rien, des bamboches ; c'est ce farceur de Lajeunesse qui me fait poser.

— Mais, dit Lajeunesse, blessé dans son amour-propre de narrateur, quand je te dis.

— A propos, Molicar, reprit Bobineau, qu'est devenu ton procès avec le voisin Lafarge ?

— Mon procès? demanda Molicar, qui, dans la situation d'esprit un peu embarrassée dans laquelle il se trouvait, avait quelque peine à enjamber d'une idée à l'autre.

— Oui, ton procès.

— Avec Lafarge le perruquier ?

Oui.

— Je l'ai perdu, mon procès.

— Comment l'as-tu perdu ?

— Je l'ai perdu, parce que j'ai été condamné.

— Par qui ?

— Par M. Bassinot, le juge-de-paix.

— Et à quoi as-tu été condamné ?

— A trois francs d'amende.

— Que lui avais-tu donc fait, à Lafarge le perruquier? demanda Lajeunesse avec sa gravité ordinaire.

— Ce que je lui avais fait? demanda Molicar, oscillant sur ses jambes comme un balancier de pendule. Je lui avais détérioré le nez. Mais cela, sans mauvaise intention, parole d'honneur ! Tu connais bien le nez de Lafarge le perruquier, n'est-ce pas Bobineau ?

— D'abord, rectifions, dit le joyeux

Provençal, — ce n'est pas un nez, c'est un manche.

— Oh! il l'a dit! il a trouvé le mot. Satané Bobiné, va! Non, je veux dire satané Bobineau. C'est la langue qui me fourche.

— Eh bien? demanda Lajeunesse.

— Eh bien! quoi? demanda à son tour Molicar, — déjà à cent lieues de la conversation.

— Il demande l'histoire du nez du père Lafarge.

— C'est vrai. C'était justement il y a aujourd'hui quinze jours, — continua Molicar, en essayant par un geste obstinément répété d'écarter de lui une mouche qui n'existait pas, — nous sortions ensemble du cabaret.

— Alors vous étiez gris, dit Bobineau.

Non, foi d'homme ! répliqua Molicar.

— Je te dis que vous étiez gris.

— Et moi, je te dis que non; nous étions ivres.

Et Molicar éclata de rire, lui aussi il avait trouvé son mot.

— A la bonne heure ! dit Bobineau.

— Mais tu ne te corrigeras donc jamais? demanda Lajeunesse.

— De quoi?

— De te griser.

— Me corriger ! pourquoi faire?

— Cet homme est plein de raison, dit Bobineau ; un verre de vin, Molicar.

Molicar secoua la tête.

— Comment, tu refuses ?

— Oui.

— Tu refuses un verre de vin, toi ?

— Deux, ou pas.

— Bravo !

— Pourquoi deux? demanda Lajeunesse, dont l'esprit plus mathématique que celui de Bobineau demandait pour toute chose une solution positive.

— Parce qu'un seul, dit Molicar, ça ferait le treizième de ce soir.

— Ah! oui, fit Bobineau.

— Et que treize verres de vin cela me porterait malheur.

— Superstitieux, va! Continue, tu auras les deux verres.

— Nous sortions donc du cabaret, continua Molicar, se rendant à l'invitation de Bobineau.

— Quelle heure était-il?

— Oh! de bonne heure.

— Enfin?

— Il pouvait être une heure ou une

heure et demie du matin, je voulais rentrer chez moi, comme il convient à un honnête homme qui a trois femmes et un enfant.

— Trois femmes !

— Trois femmes et un enfant.

— Quel pacha !

— Eh ! non ; une femme et trois enfants, qu'il est bête ce Bobineau ! Est-ce qu'on peut avoir trois femmes ; si j'avais eu trois femmes, je ne serais pas rentré chez moi. Souvent je n'y rentre pas, parce que j'en ai déjà trop d'une. Bon ! voilà qu'il me prend cette mauvaise idée de dire à Lafarge le perruquier, qui demeure sur la place de la fontaine, tandis que moi, comme tu sais, je demeure au bout de la rue de Larguy, voilà qu'il me prend cette mauvaise idée de lui dire : Voisin, reconduisons-nous. Vous me reconduirez d'abord, je vous reconduirai ensuite, puis ça sera votre tour, puis le mien, et à chaque voyage nous nous arrêterons chez la mère Moreau, pour boire chopine.

— Ah! dit-il, c'est une idée, cela.

— Oui, reprit Bobineau — tu n'avais probablement, comme aujourd'hui, absorbé que treize verres, et tu craignais que cela te portât malheur.

— Non, ce jour-là, je ne les avais pas comptés, et c'est un tort, ça ne m'arrivera plus. Nous nous en allions donc ensemble comme deux bons amis, comme deux vrais voisins, quand en arrivant à la porte de mademoiselle Chapuis, tu sais, la directrice de la poste.

— Oui.

— Il y avait une grosse pierre, il faisait une nuit!... Tu as de bons yeux, toi, n'est-ce pas, Lajeunesse? — Tu as de bons yeux, toi, n'est-ce pas, Bobineau? Eh bien, par cette nuit-là, vous auriez pris un chat pour un garde-champêtre.

— Jamais, dit gravement Lajeunesse.

— Jamais! Tu dis jamais?

— Mais non, il ne dit rien.

— S'il ne dit rien, c'est autre chose, et c'est moi qui ai tort.

— Oui, tu as tort, continue.

— Quand, arrivé à la porte de mademoiselle Chapuis, la directrice de la poste, je rencontre la pierre. Comme un pauvre malheureux que j'étais, je ne la voyais pas. Comment l'aurais-je vue?... le voisin Lafarge ne voyait pas son nez, qui est bien plus près de ses yeux que mes yeux ne l'étaient de la pierre. Je trébuche, je tends la main, je me rattrape à ce que je peux. Bon! c'était le nez du voisin Lafarge. Dam! vous savez, quand on se noie dans l'eau, on tient ferme, mais quand on se noie dans le vin, c'est encore pis. Ma foi! ça a fait l'effet, tiens, le même effet que quand tu tires ton couteau de chasse de la gaîne, Bobineau; le voisin Lafarge a tiré son nez de ma main, mais la peau de son nez, elle est restée dans ma main. Vous voyez bien qu'il n'y avait pas de ma faute, d'autant plus que je n'ai pas refusé un instant de la lui rendre, sa satanée peau. Eh bien! le juge-de-paix, il m'a condamné à trois francs de dommages et intérêts pour cela.

— Et le voisin Lafarge a eu la petitesse de les toucher, tes trois francs?

— Oui, mais nous venons de les jouer à la boule. Je les lui ai regagnés, et nous les avons bus. Mon quatorzième verre, Bobineau.

— Dites donc, père Bobineau, fit Mathieu, interrompant les interlocuteurs, ne disiez-vous pas que vous cherchiez M. l'inspecteur?

— Non, répondit Bobineau.

— Je croyais, et comme il vient par ici, je vous en prévenais, afin que vous n'ayez pas la peine d'aller le chercher.

— En ce cas-là! dit le père Lajeunesse en mettant la main à sa poche.

— Eh bien! dit Bobineau, que fais-tu donc?

— Je paie pour nous deux. Tu me rendras cela plus tard, autant vaut que M. l'inspecteur ne nous voie pas à la table d'un cabaret : pour un verre de vin qu'on prend par hasard, il croirait qu'on en fait une habitude. C'est trente-quatre sous, n'est-ce pas, mère Tellier?

— Oui, messieurs, dit la mère Tellier.

— Eh bien ! voilà, et au revoir !

— Oh ! les lâches ! dit Molicar en s'asseyant à la table qu'ils venaient d'abandonner et en mirant au soleil couchant une troisième bouteille à peine entamée ; les lâches! de quitter le champ de bataille, quand il reste encore des ennemis.

Et emplissant bord à bord les deux verres et les choquant l'un contre l'autre :

— A ta santé ! Molicar, dit-il.

Pendant ce temps, les deux gardes, si pressés qu'ils fussent de disparaître, s'étaient arrêtés appuyés l'un à l'autre et regardaient avec stupéfaction un nouveau venu qui venait d'entrer en scène.

Ce nouveau venu, c'était Bernard.

Mais Bernard pâle, défiguré, sa cravate ouverte et le front couvert de sueur.

V

Le Serpent.

Le jeune homme était si changé que ses deux camarades furent un instant à le regarder sans le reconnaître.

Puis enfin, Lajeunesse se hasardant :

— Tiens, dit-il, c'est Bernard. Bonjour, Bernard.

— Bonjour, répondit brusquement Bernard, visiblement contrarié de les voir là.

— Te voilà ici, toi? hasarda à son tour Bobineau.

— Et pourquoi pas? Est-ce défendu de venir à la fête, quand on veut s'amuser!

— Oh! je ne dis pas que cela soit défendu, troun de l'air! reprit Bobineau. Seulement, ça m'étonne de te voir seul.

— Seul?

— Oui.

— Et avec qui donc veux-tu que je sois?

— Mais il me semble que lorsqu'on a une fiancée, une jeune et belle fiancée...

— Ne parlons plus de cela, dit Bernard en fronçant le sourcil.

Puis frappant une table avec la crosse de son fusil :

— Du vin ! cria-t-il.

— Chut ! dit Lajeunesse.

— Pourquoi chut ?

— M. l'inspecteur est ici.

— Eh bien ! après ?

— Je te dis : fais attention. M. l'inspecteur est ici, voilà tout.

— Eh bien ! qu'est-ce que ça me fait à moi, qu'il soit ici ou qu'il n'y soit pas, M. l'inspecteur.

— Oh! oh! c'est autre chose alors.

— Il y a de la brouille dans le ménage, dit Bobineau à Lajeunesse en le touchant du bras.

Lajeunesse fit signe que c'était aussi son opinion, puis se retournant du côté de Bernard :

— Ce que j'en disais, vois-tu, Bernard, continua-t-il — ce n'est point pour te régenter ou t'être désagréable ; — mais c'est que tu sais, M. l'inspecteur, il n'aime pas qu'on nous voie au cabaret.

— Et si j'aime à y aller, moi, répondit Bernard — crois-tu que c'est M. l'inspecteur qui m'empêchera de faire à ma volonté ? — Frappant alors une seconde fois sur la table, avec plus de violence encore que la première :

— Du vin ! criait-il, du vin !

Les deux gardes virent alors que c'était un parti pris.

— Allons ! allons ! dit Bobineau, il ne faut pas empêcher un fou de faire sa folie. Viens, Lajeunesse, viens.

— N'en parlons plus, dit Lajeunesse. Adieu ! Bernard.

— Adieu ! répondit celui-ci de sa voix brève et tranchante, adieu !

Les deux gardes s'éloignèrent du côté opposé à celui par lequel venait l'inspecteur, qui, du reste, absorbé dans sa conversation et ayant la vue basse, passa près du cabaret sans voir ni les deux gardes ni Bernard.

— Mais viendra-t-on? cria celui-ci en donnant à la table un coup de crosse qui faillit la faire tomber en éclats.

La mère Tellier accourut une bouteille de chaque main et sans savoir encore quel était le buveur impatient qui demandait du vin avec tant de violence.

— Voilà! voilà! voilà! dit-elle, notre provision de vin en bouteille est épuisée, et il a fallu le temps de tirer du tonneau.

Puis, reconnaissant alors seulement celui à qui elle avait affaire :

— Ah! c'est vous, dit-elle, cher monsieur Bernard. Mon Dieu ! comme vous êtes pâle !

— Vous trouvez, la mère? dit le jeune homme. Eh bien ! c'est pour cela que je veux boire : le vin donne des couleurs.

— Mais vous êtes malade, monsieur Bernard, insista la mère Tellier.

— Bernard haussa les épaules et, lui arrachant une des bouteilles de la main :

— Donnez donc ! dit-il.

Et portant la bouteille à ses lèvres, il but à même.

— Seigneur Dieu ! s'écria la bonne femme, regardant avec stupéfaction Bernard accomplir cette action si fort en dehors de ses habitudes, vous allez vous faire mal, mon enfant.

— Bon! dit Bernard en s'asseyant et posant violemment la bouteille sur sa table, laissez-moi boire celui-là; qui sait si vous m'en servirez jamais d'autre?

La stupéfaction de la mère Tellier allait croissant, elle oubliait toutes ses autres pratiques pour ne s'occuper que du jeune homme.

— Mais qu'est-il donc arrivé, cher monsieur Bernard? insista-t-elle.

— Rien, seulement, donnez-moi une plume, de l'encre et du papier.

— Une plume, de l'encre et du papier?

— Oui, allez.

La mère Tellier s'empressa d'obéir.

— Une plume, de l'encre et du papier, répéta Molicar, de plus en plus ivre et en achevant la troisième bouteille de Lajeunesse et de Bobineau. — Excusez, monsieur le notaire ! Est-ce qu'on vient au cabaret pour demander des plumes, de l'encre et du papier ? On vient au cabaret pour demander du vin.

Puis, joignant l'exemple au précepte :

— Du vin ! la mère Tellier, du vin! cria-t-il.

Pendant ce temps, la mère Tellier, laissant à Babet le soin de servir Molicar, était revenue à Bernard et avait déposé devant lui les trois choses demandées.

Bernard leva les yeux sur elle, et s'apercevant qu'elle était habillée de noir.

— Pourquoi êtes-vous en deuil? demanda-t-il.

La bonne femme pâlit à son tour, et d'une voix à moitié suffoquée :

— O mon Dieu! dit-elle, vous ne vous souvenez donc plus du grand malheur qui m'est arrivé?

— Je ne me souviens de rien, dit Bernard. Pourquoi donc êtes-vous en deuil?

— Eh! vous le savez bien, mon bon monsieur Bernard, puisque vous êtes venu à son enterrement. Je suis en deuil de mon pauvre enfant, Antoine, qui est mort il y a un mois.

— Ah! pauvre femme!

— Je n'avais que lui, monsieur Bernard, un fils unique, et le bon Dieu me l'a repris tout de même. Oh! il me manque bien, allez! Quand une mère a eu son enfant vingt ans sous les yeux, et que tout à coup son enfant n'est plus là, que faire? pleurer. On pleure; mais que voulez-vous? ce qui est perdu est perdu.

Et la bonne femme éclata en sanglots.

Molicar choisit ce moment pour entonner une chanson; c'était sa chanson favorite et le thermomètre de ce que le bonhomme pouvait jauger de liquide.

Quand il commençait sa chanson, c'est qu'il était ivre.

Il commença :

> Si j'avais dans mon jardin
> Un seul carré de vignes.

Cette chanson, venant pour ainsi dire insulter à la douleur de la mère Tellier — douleur si sympathique à Bernard, derrière sa fausse indifférence, fit bondir celui-ci comme si la douleur l'eût frappé d'un aiguillon aussi nouveau qu'inattendu.

— Veux-tu te taire ! cria-t-il.

Mais Molicar, ne faisant aucune attention à la défense de Bernard, reprit :

> Si j'avais dans mon jardin...

— Tais-toi ! te dis-je, fit le jeune homme avec un geste de menace.

— Et pourquoi ça, me taire? demanda Molicar.

— N'entends-tu pas ce que dit cette femme? ne vois-tu pas qu'il y a là une mère qui pleure, et qui pleure son enfant?

— C'est vrai, dit Molicar, je vais chanter tout bas.

Et il reprit à demi-voix :

Si j'avais. . . .

— Ni bas, ni haut! cria Bernard. Tais-toi ou va-t-en.

— Oh! dit Molicar, c'est bon, je m'en vas. J'aime les cabarets où l'on rit et pas ceux où l'on pleure. Mère Tellier, mère Tellier, fit-il en frappant sur la table, venez chercher votre dû.

— C'est bien! dit Bernard, je réglerai ton compte, laisse-nous.

— Bon! fit Molicar chancelant, je ne demande pas mieux.

Et il s'éloigna s'appuyant aux arbres et chantant toujours plus haut à mesure qu'il s'éloignait :

> Si j'avais dans mon jardin
> Un seul carré de vignes.

Bernard le regarda s'éloigner avec un profond dégoût, puis revenant à l'hôtelière qui continait de pleurer :

— Oui, vous avez raison, dit-il, ce qui est perdu est perdu; tenez, mère Tellier, je voudrais être à la place de votre fils, et que votre fils ne fût pas mort!

— Oh! que Dieu vous garde! s'écria la bonne femme; vous, monsieur Bernard?

— Oui, moi! parole d'honneur!

— Vous qui avez de si bons parents! reprit-elle. Ah! si vous saviez le mal que cela fait à une mère de perdre son enfant, vous ne risqueriez pas un pareil souhait.

Pendant ce temps, Bernard essayait d'écrire, mais inutilement; la main lui tremblait si fort, qu'il ne pouvait former une lettre.

— Oh! je ne peux pas! je ne peux pas! s'écria-t-il en écrasant la plume sur la table.

— En effet, dit la bonne femme, vous tremblez comme si vous aviez la fièvre.

— Tenez, reprit Bernard, rendez-moi un service, mère Tellier.

— Oh ! bien volontiers, monsieur Bernard ! s'écria la bonne femme ; lequel ?

— Il n'y a qu'un pas d'ici à la Maison-Neuve du chemin de Soissons, n'est-ce pas ?

— Dam ! pour un quart-d'heure de chemin en marchant bien.

— Alors, faites-moi l'amitié, je vous demande bien pardon de la peine.

Dites donc toujours.

— Faites-moi l'amitié d'aller là-bas, de demander Catherine.

— Elle est donc revenue ?

— Oui, ce matin, et de lui dire que je lui écrirai bientôt.

— Que vous lui écrirez bientôt?

— Demain, aussitôt que je ne tremblerai plus.

— Vous quittez donc le pays?

— On dit que nous allons avoir la guerre avec les Algériens.

— Qu'est-ce que ça vous fait, la guerre, à vous, qui avez tiré à la conscription et qui avez pris un bon numéro?

— Vous allez aller où je vous dis, n'est-ce pas, mère Tellier?

— Oui, à l'instant même, cher monsieur Bernard — mais...

— Mais quoi ?

— A vos parents ?

— Après, à mes parents.

— Que voulez-vous que je leur dise ?

— A eux ?

— Oui.

— Rien.

— Comment ! rien ?

— Non, rien, sinon que je suis passé par ici, qu'ils ne me reverront plus, et que je leur dis adieu.

— Adieu ! répéta la mère Tellier.

— Dites-leur encore qu'ils gardent Catherinne avec eux, que je leur serai reconnaissant de toutes les bontés qu'ils auront pour elle ; et puis encore que, si par hasard je venais à mourir, comme votre pauvre Antoine, je les prie de faire Catherine leur héritière.

Et le jeune homme, au bout de sa fièvre, et par conséquent de sa force, laissa tomber, avec un soupir qui ressemblait à un sanglot, sa tête entre ses deux mains.

La mère Tellier le regardait avec une profonde pitié.

— Eh bien ! c'est dit, monsieur Bernard, reprit-elle. Voici la nuit tout à fait venue ; je n'aurai plus beaucoup de monde maintenant ; Babet suffira pour servir. Je cours à la Maison-Neuve..

Puis, à elle-même et en rentrant chez elle :

— Je crois, dit-elle, que c'est un service à lui rendre, pauvre garçon !

On entendait dans le lointain la voix avinée de Molicar qui chantait :

> Si j'avais dans mon jardin
> Un seul carré de vignes.

Bernard resta quelques minutes plongé dans ses réflexions, réflexions douloureuses et profondes qui se trahissaient par les soubresauts convulsifs de ses épaules; puis enfin, relevant le front, secouant la tête et se parlant à lui-même :

— Allons! du courage, dit-il, encore un verre de vin et partons.

— Oh! c'est égal, dit derrière Bernard une voix dont le timbre le fit tressaillir, moi, je ne partirais pas comme cela.

Bernard se retourna, quoique à la rigueur il n'eût pas besoin de se retourner. Il avait reconnu la voix.

— C'est toi, Mathieu? dit-il.

— Oui, c'est moi, répondit celui-ci.

— Que disais-tu !

— Vous n'avez pas entendu ? Bon, vous avez l'oreille dure.

— J'ai entendu, mais je n'ai pas compris.

— Eh bien ! je vais répéter.

— Répète.

— Je disais qu'à votre place, je ne partirais pas comme cela.

— Tu ne partirais pas ?

— Non, du moins sans... suffit, je m'entends.

— Sans quoi ? voyons.

— Eh bien ! sans me venger de l'un ou de l'autre. Voilà le grand mot lâché.

— Qui ?... quoi ?... de l'un ou de l'autre ?

— Oui, de l'un ou de l'autre, de lui ou d'elle.

— Est-ce que je puis me venger de mon

père et de ma mère? fit Bernard en haussant les épaules.

— Allons donc! de votre père ou de votre mère? Est-ce qu'il est question d'eux dans tout cela?

— Mais de qui est-il donc question?

— Bon! il est question du Parisien et de mademoiselle Catherine.

— De Catherine et de M. Chollet! s'écria Bernard en se dressant sur ses pieds comme si une vipère l'eût mordu.

— Eh! oui.

— Mathieu! Mathieu!

— Bon! voilà qui m'avertit de ne rien dire.

— Pourquoi cela ?

— Tiens ! parce que ça retomberait encore sur moi ce que je dirais.

— Non, non, Mathieu ; non, je te le jure. parle.

— Mais vous ne devinez donc pas ? dit Mathieu.

— Que veux-tu que je devine ? Voyons, je te le répète, parle.

— Ah ! par ma foi ! continua le vagabond, ce n'est pas la peine d'avoir de l'esprit et de l'éducation, pour être sourd et aveugle.

— Mathieu ! s'écria Bernand, as-tu vu ou entendu quelque chose ?

— La chouette voit clair la nuit, dit Mathieu ; elle a les yeux ouverts quand les autres les ont fermés. Elle veille quand les autres dorment.

— Voyons, répéta Bernard en essayant d'adoucir sa voix, qu'as-tu vu et qu'as-tu entendu ? Ne me fais pas languir plus longtemps, Mathieu.

— Eh bien ! répondit celui-ci, l'obstacle à votre mariage, car il y a un obstacle, n'est-ce pas ?

— Oui, après ?

— Savez-vous d'où il vient ?

La sueur coulait sur le front de Bernard.

— De mon père, dit-il.

— De votre père ! Ah ! bien oui ! Il ne demanderait pas mieux que de vous voir heureux. Il vous aime, pauvre cher homme !

— Ah !... et l'obstacle alors vient de quelqu'un qui ne m'aime pas ?

— Dam ! reprit Mathieu, sans perdre de son œil louche aucune des émotions qui se succédaient sur le visage de Bernard, dam ! vous savez, il y a quelquefois des gens qui font comme ça, semblant de vous aimer, qui disent : Mon cher Bernard par ci, mon cher Bernard par là, et, au fond, qui vous trompent.

— Voyons, de qui vient l'obstacle, mon cher Mathieu, de qui vient-il ? dis.

— Oui, pour que vous me sautiez à la gorge et que vous m'étrangliez.

— Non, non, foi de Bernard, je te jure !

— En attendant, dit Mathieu, laissez-moi m'éloigner un peu de vous.

Et il fit deux pas en arrière.

Puis, se sentant un peu plus en sûreté par la distance :

— Eh bien ! dit-il, ne voyez-vous pas que l'obstacle vient de mademoiselle Catherine.

Bernard devint livide, mais il ne fit pas un mouvement.

— De Catherine ? reprit-il, tu avais dit

de quelqu'un qui ne m'aimait pas — prétendrais-tu que Catherine ne m'aime pas, par hasard ?

— Je prétends, dit Mathieu, s'enhardissant au calme affecté de Bernard, qu'il y a des jeunes filles, quand elles ont tâté de Paris surtout, qui aiment mieux être à Paris les maîtresses d'un jeune homme riche que d'être la femme d'un jeune homme pauvre dans un village.

— Tu ne dis pas cela pour Catherine et pour le Parisien, j'espère ?

— Hé ! hé ! fit Mathieu, qui sait ?

— Malheureux ! s'écria Bernard en s'élançant d'un seul bond sur Mathieu et en le saisissant des deux mains à la gorge.

— Eh bien ! que vous avais-je dit, s'écria Mathieu d'une voix étranglée et en faisant d'inutiles efforts pour se débarrasser de l'étreinte de fer. Voilà que vous m'étranglez, monsieur Bernard. Monsieur Bernard, nom d'un nom ! je ne vous dirai plus rien.

Bernard voulait tout savoir. Quiconque a trempé ses lèvres dans la coupe amère de la jalousie veut boire depuis l'écume jusqu'à la lie.

Bernard lâcha Mathieu et laissa retomber ses deux bras inertes.

— Mathieu, dit-il, je te demande pardon, parle, parle ; mais si tu mens !

Et ses poings se fermèrent et ses bras se raidirent.

— Eh bien! si je mens, dit Mathieu, il sera temps de vous fâcher; mais comme vous vous fâchez d'abord, je ne parlerai pas.

— J'ai eu tort, reprit Bernard en forçant tous ses traits d'exprimer le calme, quand toutes les vipères de la jalousie lui mordaient le cœur.

— Eh bien! à la bonne heure, dit Mathieu, vous voilà raisonnable.

— Oui.

— Mais n'importe, continua le vagabond.

— Comment! n'importe.

— Oui, j'aime mieux vous faire voir,

j'aime mieux vous faire toucher la chose.
Ah! vous êtes de l'acabit de saint Thomas,
vous.

— Oui, dit Bernard, tu as raison, fais-
moi voir, Mathieu, fais-moi voir.

— Je veux bien.

— Ah! tu veux bien.

— Mais à une condition.

— Laquelle?

— Vous me donnerez votre parole d'honneur de voir jusqu'au bout.

— Jusqu'au bout. Oui, parole d'honneur.
Mais quand saurai-je que je suis au bout?
Quand saurai-je que j'ai tout vu?

— Dam! quand vous aurez vu mademoiselle Catherine et M. Chollet à la fontaine du Prince.

— Catherine et M. Chollet à la fontaine du Prince? s'écria Bernard.

— Oui.

— Et quand verrai-je cela, Mathieu?

— Il est huit heures. Huit heures combien? Voyez à votre montre, monsieur Bernard.

Bernard tira sa montre d'une main qui était devenue ferme. En approchant de la lutte l'athlète reprenait ses forces.

— Huit heures trois quarts, dit-il.

— Eh bien! dans un quart-d'heure, reprit Mathieu ; ce n'est pas bien long, n'est-ce pas ?

— A neuf heures, alors, dit Bernard, passant sa main sur son front couvert de sueur.

— A neuf heures, oui.

— Catherine et le Parisien à la fontaine du Prince ! murmura Bernard, demeurant incrédule malgré l'assurance de Mathieu : mais que viennent-ils y faire ?

— Dam ! je n'en sais rien, dit Mathieu, qui ne perdait pas un mot de Bernard, pas un mouvement de sa physionomie, pas un des tressaillements de son cœur : organiser leur départ, peut-être.

— Leur départ ! fit Bernard serrant sa

tête entre ses deux mains, comme s'il allait devenir fou.

— Oui, continua Mathieu. Ce soir à Villers-Cotterêts, le Parisien cherchait de l'or.

— De l'or?

— Il en demandait à tout le monde.

— Mathieu, murmura Bernard, tu me fais bien souffrir; si c'est pour le plaisir de me faire souffrir, gare à toi !

— Chut ! dit Mathieu.

— Le pas d'un cheval, murmura Bernard.

Mathieu posa une de ses mains sur le bras de Bernard, et allongeant l'autre dans la direction d'où venait le bruit :

— Regardez, dit-il.

Et Bernard vit, à travers les arbres et au milieu de l'obscurité, s'avancer un cavalier qu'à sa haine surtout il reconnnt pour son rival.

Un mouvement instinctif le fit se jeter derrière l'arbre qui se trouvait le plus proche de lui.

VI

L'occasion fait le larron.

Le jeune homme s'arrêta à cinquante pas à peu près du cabaret de la mère Tellier, regarda tout autour de lui, et ne voyant rien qui dût l'inquiéter, sauta à bas de son cheval et l'attacha à un arbre.

Puis, après avoir jeté de nouveau dans

la nuit un regard investigateur, il s'avança vers le cabaret.

— Ah! le voilà, murmura Bernard. Ah! il vient.

Et il fit un mouvement pour se jeter sur son chemin.

Mais Mathieu l'arrêta.

— Prenez garde, dit-il, s'il vous voit, vous ne verrez rien, vous.

— Oh! oui, oui, tu as raison, répondit Bernard, et il tourna autour de l'arbre, pour gagner le côté où il projetait son ombre, tandis que Mathieu se glissait sous la hutte de feuillage, comme le serpent, dont il venait de jouer le rôle.

Le jeune homme continua d'avancer et

biantôt se trouva dans le cercle de lumière projetée par les chandelles restées sur les tables des buveurs; seulement, peu à peu les buveurs avaient disparu.

Le cabaret était, ou paraissait être désert. Louis Chollet pût donc se croire parfaitement seul.

— Ma foi! dit-il, en détaillant du regard les différents objets qui se présentaient à lui, je suis bien à peu près sûr que voilà le cabaret de la mère Tellier, mais le diable m'emporte si je sais où est la fontaine du Prince!

Bernard était si près de lui, que, si bas qu'il eût parlé, il avait tout entendu.

— La fontaine du Prince, répéta-t-il.

Et il regarda autour de lui pour chercher Mathieu.

Mais Mathieu avait disparu, à ses regards du moins, Mathieu était sous la hutte.

— Eh ! mère Tellier, s'écria Louis Chollet, mère Tellier !

La jeune fille, que nous avons vu aider la mère Tellier dans le service du cabaret et que nous avons dit se nommer Babet, sortit à cet appel.

— Vous appelez la mère Tellier ? monsieur Chollet, dit-elle.

— Oui, mon enfant, répliqua celui-ci.

— Dam ! c'est qu'elle n'y est pas.

— Où est-elle donc ?

— Elle est allé à la Maison-Neuve du chemin de Soissons, chez les Watrin.

— Diable! fit le jeune homme, pourvu qu'elle n'aille pas rencontrer Catherine et l'empêcher de venir.

— Rencontrer Catherine et l'empêcher de venir, répéta Bernard qui ne perdait pas un mot de ce que disait le Parisien.

— Oh! bah! continua le jeune homme, ce serait un hasard.

Puis appelant Babet :

— Viens ici, mon enfant, dit-il.

— Qu'y a-t-il pour votre service, monsieur?

— Peut-être pourras-tu m'enseigner ce que je cherche, toi.

— Dites, Monsieur.

— La fontaine du Prince, est-ce encore loin d'ici ?

— Oh ! non. C'est là, Monsieur, répondit la jeune fille, à cent pas tout au plus d'ici.

— A cent pas !

La jeune fille indiqua le chêne qui s'élevait en dehors de la porte.

— Tenez, dit-elle, du pied de ce chêne, vous la voyez.

— Montre-moi cela, mon enfant.

La jeune fille monta sur la butte, au sommet de laquelle s'élevait un chêne magnifique, contemporain de François Ier, et qui était resté debout tandis que douze générations de bois avaient passé.

— Tenez, dit-elle, là-bas, sous ce rayon de lune, ce filet d'eau qui reluit comme un écheveau d'argent, c'est la fontaine du Prince.

— Merci! mon enfant, dit le jeune homme.

— Il n'y a pas de quoi.

— Si fait, et la preuve, c'est que voilà pour la peine.

Louis Chollet, que le bonheur rendait généreux, tira sa bourse toute gonflée d'or pour y prendre une pièce de monnaie.

Mais la bourse allourdie lui échappa des

mains et, tombant à terre, dégorgea sur le sol une partie de la somme qu'elle contenait.

— Bon! dit Chollet, voilà que je laisse tomber ma bourse.

— Attendez, dit Babet, on va vous éclairer, ce n'est pas la peine d'en semer, monsieur Chollet, ça ne pousse pas.

— Oh! murmura Bernard, qui avait tressailli au bruit qu'avait fait la bourse en tombant, c'était donc la vérité!

En ce moment, Babet revenait avec une chandelle, et, la baissant vers le sol, elle faisait reluire une centaine de pièces d'or répandues sur le sable, tandis qu'à travers les mailles de la longue bourse on voyait briller une somme double.

Chollet mit un genou à terre pour ramasser l'or.

S'il eût été moins préoccupé de cette opération, il eût pu voir la tête batracienne de Mathieu, qui s'allongeait hors de la hutte, les yeux fixes et ardents.

— Oh ! en voilà-t-il de l'or, murmura-t-il ; quand on pense qu'il y a des gens qui ont tant d'or, tandis qu'il y en a d'autres...

Chollet fit un mouvement et la tête de Mathieu rentra sous la hutte, comme une tête de tortue rentre dans sa carapace.

Le jeune homme avait fini sa récolte dorée ; il prit la dernière pièce de vingt francs, et, au lieu de la remettre dans la bourse avec les autres il la donna à Babet.

— Merci! ma petite, dit-il, voilà pour toi.

— Une pièce de vingt francs? s'écria la jeune fille joyeuse, mais vous vous trompez, ce n'est point pour moi tout cela.

— Si fait, ce sera le commencement de ta dot.

On entendit les vibrations de l'horloge du village.

— Quelle heure est-ce cela? demanda le Parisien.

— Neuf heures, répondit l'enfant.

— Ah! bon, je craignais d'être en retard.

Et appuyant la main sur sa poitrine,

pour s'assurer que sa bourse était bien dans la poche de côté son habit, la poche du gilet eut été trop étroite pour la contenir, il gravit la petite éminence, s'appuya un instant contre le chêne pour regarder devant lui, et descendant vers la petite vallée où coule la fontaine, il disparut.

— Ah ! murmura la jeune fille en mirant sa pièce d'or à la lumière de sa chandelle, à la bonne heure ! c'est ceux-là qui sont riches et généreux !

Et elle rentra dans la maison ; puis, comme il n'y avait plus de chance de voir arriver une pratique quelconque, elle ferma l'un après l'autre les deux volets, et après les deux volets la porte, dont on entendit successivement grincer la serrure et les deux verrous.

Bernard resta seul dans l'obscurité, ou plutôt crut rester seul ; il ne songeait plus à Mathieu.

Il demeurait l'épaule appuyée au hêtre, le sourcil douloureusement froncé, une main sur son cœur, l'autre crispée autour du canon de son fusil.

Mathieu l'examinait à travers une ouverture qu'il avait pratiquée dans les branchages de la hutte.

On eût dit Bernard changé en statue, tant, pendant une minute ou deux, il resta immobile et muet.

Puis enfin il parut se ranimer, et, regardant autour de lui :

— Mathieu ! murmura-t-il, Mathieu !

Le vagabond se garda bien de lui répondre : seulement l'altération de la voix de Bernard lui ayant indiqué à quel trouble il était en proie, son attention redoubla.

— Ah! continua Bernard, il est parti ; il aura eu peur de ce qui va se passer. Si Catherine vient à ce rendez-vous, il aura eu raison.

Et Bernard, quittant l'ombre du hêtre, fit rapidement quelques pas dans la direction suivie par son rival.

Mais, s'arrêtant tout à coup :

— Au bout du compte, dit-il, il n'y a point que Catherine dont ce jeune homme puisse être amoureux. Qui me dit que Mathieu ne s'est point trompé, et que celle avec laquelle il a rendez-vous n'est point quelque jeune fille de Villers-Hellon, de Corcy ou de Longpont? D'ailleurs, nous verrons bien; je suis ici pour cela.

Puis, comme les jambes lui manquaient :

— Allons, se dit-il, du courage, Bernard. Mieux vaut savoir à quoi s'en tenir que de douter. Oh! Catherine, continua-t-il en gagnant à son tour le chêne, oh! si tu es fausse à ce point, si tu m'as trompé ainsi, oh! je ne croirai plus à rien, non, à rien, à rien au monde! Mon Dieu! moi qui l'aimais tant, moi qui l'aimais si profondément, si sincèrement, moi qui eusse donné ma vie pour elle si elle me l'eût demandée!

Et regardant autour de lui avec une indicible expression de menace :

— Par bonheur, ajouta-t-il, tout le monde est parti, les lumières sont éteintes, et s'il se passe quelque chose, ce sera entre la nuit, eux et moi.

Alors, d'un pas muet, du pas du loup qui s'approche d'une bergerie, il gagna doucement le pied du chêne, et en rampant le long de ses racines, parvint jusqu'au tronc.

Arrivé là, il respira.

Le Parisien était encore seul, le fusil en arrêt, comme un chasseur à l'affût. Bernard attentif, le regard fixe, et ne perdant pas un seul mouvement de son rival.

— Bon, dit-il en se parlant à lui-même et en embrassant des yeux tout l'horizon qu'il pouvait parcourir, celle qu'il attend doit venir, à ce qu'il paraît, du côté de la route de Soissons : si j'allais au-devant d'elle? si je lui faisais honte? Non, je ne saurais rien, elle mentirait.

Puis, tout à coup, tournant la tête du côté opposé :

— Du bruit par là, dit-il ; non, c'est son cheval qui s'impatiente et qui frappe du pied ; d'ailleurs, ajouta-t-il avec indifférence, que m'importe le bruit qui vient de ce côté-là? non, c'est par là que doivent regarder mes yeux ; c'est par là que doivent écouter mes oreilles. Mon Dieu ! je vois comme une ombre à travers les arbres ; mais non !

Bernard essuya ses yeux troublés.

— Mais si... continua-t-il avec une intonation si sourde qu'on la sentait venir du fond de sa poitrine, mais si, c'est une femme ; elle hésite !... Non, elle continue !... Elle va traverser une clairière ; et alors, je verrai bien...

Il y eut un moment de silence, puis une espèce de rugissement se fit entendre.

— Oh ! c'est Catherine ! grinça Bernard ; il l'a vue ! il se lève ! Oh ! il n'ira pas jusqu'à elle !

A ces mots Bernard se redressa sur un genou en murmurant :

— Catherine ! Catherine ! que le sang que je vais verser retombe sur toi !

Et il approcha lentement le fusil de son épaule.

Trois fois la joue du jeune garde s'abaissa sur la crosse du fusil, trois fois son doigt pressa la détente, mais à chaque fois son doigt et sa joue s'éloignèrent.

Puis enfin, la sueur sur le front, un voile de sang sur les yeux, la poitrine haletante :

— Non! murmura-t-il. Non! je ne suis pas un assassin! Je suis Bernard Watrin, c'est-à-dire un honnête homme. A moi! mon Dieu! mon ami! secourez-moi!

Et, jetant son fusil loin de lui, il s'enfuit éperdu à travers le bois, sans savoir où il allait.

Alors il se fit de nouveau un instant de silence, et le démon qui inspirait ce dessein put voir Mathieu sortir la tête hors de sa hutte de feuillages, ramper, la respiration suspendue, jusqu'au pied du chêne, regarder à son tour dans la direction de la fontaine du Prince, allonger la main pour retrouver le fusil jeté par Bernard, le saisir de sa main crispée en murmurant :

— Oh ! ma foi, tant pis ! pourquoi avait-il tant d'or ? l'occasion fait le larron !

Et il mit en joue à son tour le jeune Parisien.

Un éclair illumina la nuit, une détonation se fit entendre, et Louis Chollet tomba en poussant un cri.

Un autre cri y répondit : c'était celui de Catherine, qui s'était arrêtée, hésitant, en trouvant le Parisien là où elle croyait trouver son amant, et qui fuyait épouvantée en voyant tomber le rival de Bernard.

VII

Chez le père Watrin.

Pendant que ce drame nocturne et visible à l'œil de Dieu seul s'accomplissait à la fontaine du Prince, le dîner, qui devait faire ressortir aux yeux du maire les talents culinaires de la mère Watrin, tirait à sa fin, attristé par l'absence de Bernard.

Huit heures et demie sonnèrent au cou-

cou. L'abbé Grégoire, qui déjà deux ou trois fois avait fait mine de se retirer, parut se lever définitivement.

Mais ce n'était point l'habitude du père Watrin de laisser ainsi s'éloigner ses convives.

— Oh! non, non, monsieur l'abbé, dit-il, pas avant que vous ayez porté une dernière santé.

— Mais, dit la mère inquiète et qui d'un œil humide n'avait pas un instant perdu de vue la place de Bernard restée vide, il faudrait que Cathrine et François fussent là.

Elle n'osait parler de Bernard, quoique ce fût toujours à lui qu'elle pensât.

— Eh bien! où sont-ils ? demanda Watrin, ils étaient là tout à l'heure.

— Oui, mais ils sont sortis chacun à son tour, et l'on dit que cela porte malheur de trinquer à la fin du repas en l'absence de ceux qui ont assisté au commencement.

— Eh bien! Catherine ne saurait être loin ; appelle-la, femme.

La mère Watrin secoua la tête.

— Je l'ai déjà appelée, dit-elle, et elle ne m'a point répondu.

— Il y a près de dix minutes qu'elle est partie, dit l'abbé.

— As-tu vu dans sa chambre ? demanda Watrin.

— Oui, elle n'y est pas.

— Et François ?

— Oh ! quant à François, dit le maire, nous savons où le retrouver, il est allé aider à atteler la calèche.

— M. Guillaume, dit l'abbé, nous prierons Dieu qu'il nous pardonne d'avoir porté un toast en l'absence de deux convives, mais il se fait tard et je dois me retirer.

— Femme, dit Watrin, verse à M. le maire et que tout le monde fasse raison à notre cher abbé.

L'abbé leva son verre au tiers rempli, et, avec cette bonne et douce voix avec laquelle il parlait à Dieu et aux pauvres :

— A la paix intérieure, dit-il, à l'union du père et de la mère, du mari et de la femme, seule union de laquelle puisse sortir le bonheur des enfants !

— Bravo ! l'abbé, s'écria le maire.

— Merci ! Monsieur, dit le père Guillaume, et puisse le cœur que vous avez l'intention de toucher n'être pas sourd à votre voix !

Et un regard jeté à Marianne lui indiqua que ce souhait était lancé à son adresse.

— Et maintenant, mon cher Guillaume, dit l'abbé, vous ne trouverez pas mauvais que je cherche mon manteau, ma canne et mon chapeau, et que je presse M. le maire de me rappeler à la ville, neuf heures vont sonner.

— Oui, cherchez tout cela, l'abbé, dit le maire, et tandis que vous le chercherez, je dirai un dernier mot au père Watrin, moi.

— Venez, monsieur l'abbé, dit Marianne, que le toast du digne prêtre avait rendue rêveuse, je crois que votre bagage est dans la chambre à côté.

— Je vous suis, madame Watrin, dit l'abbé.

Et, en effet, il sortit derrière elle.

En ce moment neuf heures sonnaient.

Guillaume et le maire restèrent seuls.

Il se fit un moment de silence, chacun

d'eux semblait attendre que l'autre hasardât le premier mot.

Ce fut Guillaume qui se risqua.

— Eh bien! monsieur le maire, dit-il, voyons votre recette pour devenir millionnaire.

— D'abord, dit le maire, une poignée de main en signe de bonne amitié, cher M. Guillaume.

— Oh! cela, avec plaisir.

Et les deux hommes, placés de chaque côté de la table, allongèrent leurs mains qui se rencontrèrent au-dessus des débris de cette fameuse tarte qui avait tant préoccupé la mère Watrin.

— Et maintenant, dit Guillaume, j'attends la proposition.

Le maire toussa.

— Vous touchez sept cent cinquante-six livres d'appointements par an, n'est-ce pas?

— Et cent cinquante livres de gratifications, en tout neuf cents livres.

— De sorte qu'il vous faut dix ans pour toucher neuf mille francs.

— Vous comptez comme feu Barême, M. Raisin.

— Eh bien! moi, père Guillaume, continua le maire, ce que vous gagnez en dix ans, j'offre de vous le faire gagner en trois cent soixante-cinq jours.

— Oh! oh! voyons un peu la chose, dit le père Guillaume en posant ses deux coudes sur la table et en appuyant sa tête sur ses deux mains.

— Eh bien! continua le maire avec un rire matois, il ne s'agit pour vous que de fermer alternativement l'œil droit ou l'œil gauche en passant à côté de certains arbres qui sont à droite ou à gauche de mon lot. C'est bien facile, tenez, il n'y a que cela à faire.

Et en effet, avec une facilité extrême, l'honnête marchand de bois ferma alternativement l'un et l'autre œil.

— Oui dà! dit Guillaume en le regardant fixement, voilà votre moyen à vous?

— Mais, répondit le marchand de bois,

il me semble qu'il en vaut bien un autre.

— Et vous me donnez neuf mille francs pour cela?

— Quatre mille cinq cents francs pour l'œil droit, quatre mille cinq cents francs pour l'œil gauche.

— Et pendant ce temps-là, vous...

Le père Guillaume fit le geste d'un homme qui abat un arbre.

— Et pendant ce temps-là, moi... répondit le marchand de bois en faisant le même geste.

— Pendant ce temps-là vous, vous volez le duc d'Orléans.

— Oh! voler, voler, dit Raisin reculant

malgré le mot, il y a tant d'arbres dans la forêt, que personne n'en sait le compte.

— Oui, dit Guillaume avec une certaine solennité presque menaçante, excepté celui qui sait non-seulement le compte des arbres, mais encore celui des feuilles, excepté celui qui voit et entend tout et qui sait déjà, quoique nous soyons seuls ici, que vous venez de me faire une proposition infâme.

— Monsieur Guillaume! s'écria le maire, croyant, en haussant la voix, imposer au vieux garde-chef.

Mais Guillaume se leva, et, appuyant sa main sur la table, tandis que de l'autre il montrait la fenêtre au marchand de bois :

— Voyez-vous cette fenêtre? dit-il.

— Après? demanda le maire, pâlissant moitié de crainte, moitié de colère.

— Eh bien! dit Guillaume, si la maison n'était pas à moi, si nous ne venions pas de manger à la même table, vous auriez déjà passé par cette fenêtre.

— Monsieur Guillaume!

— Attendez! dit le vieux garde sans s'émouvoir.

— Eh bien?

— Vous voyez bien le seuil de cette porte?

— Oui.

— Eh bien! plus vite vous serez de l'autre côté, mieux la chose vaudra pour vous.

— Monsieur Guillaume !

— Seulement, en le franchissant, dites-lui adieu.

— Monsieur !

— Silence ! on vient, il est inutile qu'on sache que j'ai reçu un coquin à ma table.

Et Guillaume, tournant le dos au maire, se mit à siffloter un petit air de chasse avec lequel nos lecteurs ont déjà fait connaissance et qu'il gardait pour les grandes occasions.

Les gens devant lesquels Guillaume ne voulait pas dire au marchand de bois qu'il était un coquin; c'étaient l'abbé Grégoire et la mère Watrin

— Me voilà, monsieur le maire, dit

l'abbé cherchant le marchand de bois de son regard myope. Êtes-vous prêt?

— Si bien prêt, dit Guillaume, que M. le maire, vous le voyez, vous attend de l'autre côté de la porte.

Et il lui montra du doigt le marchand de bois qui, suivant son avis, avait gagné au large.

L'abbé ne vit et ne comprit rien de ce qui s'était passé, et sortant à son tour, sans s'apercevoir de la chaleur de la conversation :

— Bonsoir! monsieur Guillaume, dit-il; puisse, avec la bénédiction que je vous donne, la paix du Seigneur descendre sur votre maison !

— Votre servante, monsieur l'abbé; votre servante, monsieur le maire, dit la mère Watrin, suivant ses deux hôtes et faisant une révérence à chaque pas.

Guillaume les suivit des yeux tant qu'il put les voir, puis, tournant le dos à la porte, avec un mouvement d'épaules qui lui etait commun, il tira sa pipe, qu'il bourra jusqu'à la gueule, la pinça entre ses deux mâchoires et, tout en battant le briquet :

— Bon! murmura-t-il les dents si serrées qu'à peine les paroles pouvaient passer entre ses dents, me voilà avec un ennemi de plus, mais n'importe, on est honnête homme ou on ne l'est pas. Si on l'est, arrive qui plante. On fait ce que j'ai fait. — Bon! voilà la vieille qui rentre; motus, Guillaume!

Et, appuyant avec la pierre à feu son amadou allumée sur l'orifice de sa pipe, il commença d'en tirer des nuages de fumée, symbole de la colère sourde qui assombrissait son cœur et son front.

La mère Watrin n'eut besoin que de jeter un coup d'œil sur son mari pour s'apercevoir qu'il s'était passé quelque chose d'extraordinaire.

Elle alla, vint, tourna, passa devant lui, derrière lui, mais ne put en tirer autre chose qu'une fumée de plus en plus épaisse.

Enfin, elle se décida à rompre la première le silence.

— Dis donc ? fit-elle.

— Quoi ? répondit Watrin avec une sobriété de paroles qui eût fait honneur à un pythagoricien.

Marianne hésita un instant.

— Qu'as-tu? lui demanda-t-elle.

— Rien !

— Pourquoi ne parles-tu pas ?

— Parce que je n'ai rien à dire.

La mère Watrin s'éloigna et se rapprocha plusieurs fois du vieux garde-chef.

Si son mari n'avait rien à dire, évidemment elle n'était pas dans les mêmes dispositions.

— Hum ! dit-elle.

Watrin ne remarqua point le hum !

— Vieux !

— Plaît-il ? répondit Guillaume.

— A quand la noce ? demanda la mère Watrin.

— Quelle noce ?

— Eh bien ! la noce de Catherine et de Bernard donc !

Watrin se sentit soulagé d'un grand poids, mais cependant n'en fit rien paraître.

— Ah ! ah ! dit-il en appuyant ses mains sur ses hanches et en la regardant en face, te voilà donc devenue raisonnable ?

— Dis donc, continua Marianne sans répondre, je crois que le plus tôt sera le mieux.

— Oui dà !

— Si nous mettions cela à la semaine prochaine ?

— Et les bans ?

— On irait à Soissons demander une dispense.

— Bon ! voilà que tu es plus pressée que moi maintenant.

— Ah ! vois-tu, vieux, dit Marianne, c'est que... c'est que...

— C'est que ? c'est que ?.. quoi ?

— C'est que je n'ai jamais passé une pareille journée.

— Bah !

— Nous séparer l'un de l'autre, mourir chacun de notre côté !

Et sa poitrine s'oppressa.

— Et cela, après vingt-six ans de mariage, continua-t-elle.

Elle éclata en sanglots.

— Ta main, la mère, dit Guillaume.

— Oh ! la voilà ! s'écria Marianne, et de grand cœur.

Guillaume attira la bonne vieille à lui.

— Et maintenant, dit-il, embrasse-moi.

Puis la regardant :

— Tiens ! lui dit-il, tu es la meilleure femme de la terre.

Mais ajoutant une restriction que notre

lecteur lui-même ne trouvera pas trop sévère :

— Lorsque tu veux, bien entendu.

— Oh ! répondit la mère, je te promets, Guillaume, qu'à partir d'aujourd'hui je voudrai toujours.

— *Amen!* dit Guillaume.

En ce moment François rentra. Celui qui eût regardé le brave garçon plus attentivement que ne le faisait le père Watrin se fût aperçu qu'il n'était pas dans son état de quiétude ordinaire.

— ! à ! fit-il avec une intention évidente, afin que Guillaume remarquât sa présence.

Guillaume se retourna en effet.

— Eh bien! demanda-t-il, sont-ils emballés?

— Les entendez-vous?

En ce moment, justement, une voiture roulait sur la route.

— Les voilà qui partent.

Puis, tandis que Guillaume écoutait ce roulement qui s'éloignait graduellement, François alla prendre son fusil dans l'angle de la cheminée.

Guillaume vit ce mouvement.

— Eh bien! lui demanda-t-il, où vas-tu donc?

— Je vais... Tenez, il faut que je vous dise cela à vous, mais à vous seul.

Guillaume se retourna vers sa femme :

— Vieille ! dit-il.

— Hein ?

— Si tu faisais bien, tu desservirais ; ce serait autant de bâclé pour demain.

— Eh bien ! que fais-je donc ? demanda celle-ci, tenant une bouteille vide sous son bras et une demi-douzaine d'assiettes dans chaque main, et en s'éloignant dans la direction de la cuisine, dont la porte se referma sur elle.

Guillaume la suivit des yeux, et, quand elle eut disparu :

— Qu'y a-t-il ? fit Guillaume.

François se rapprocha de lui et à voix basse :

— Il y a, dit-il, que, tandis que j'étais occupé à atteler le cheval de M. le maire, j'ai entendu un coup de fusil.

— Dans quelle direction?

— Du côté de Corcy comme ça, aux alentours de la fontaine du Prince.

— Et tu crois que c'est quelque braconnier, hein? demanda Guillaume.

François secoua la tête.

— Non?

Non! répéta François.

— Eh bien, qu'est-ce donc alors?

— Père, continua François en baissant la voix d'un degré, j'ai reconnu le bruit du fusil de Bernard.

— Tu es sûr? demanda Watrin avec une certaine inquiétude, car il ne comprenait point à quel propos Bernard eût tiré un coup de fusil à cette heure.

— Entre cinquante, je le reconnaîtrais, reprit François : vous savez qu'il charge avec des ronds de feutre ou de carton, et cela résonne autrement que des bourres de papier.

Le fusil de Bernard, se demanda Guillaume, de plus en plus inquiet — qu'est-ce que cela veut dire?

— Ah! oui! — qu'est-ce que cela veut dire? — C'est ce que je me suis demandé.

— Ecoute! dit Guillaume tressaillant, j'entends du bruit.

François écouta.

— C'est un pas de femme, murmura-t-il.

— Celui de Catherine peut-être.

François fit de la tête signe que non.

— C'est un pas de vieille femme, dit-il ; mademoiselle Catherine marche plus légèrement que cela. Ces pas-là ont passé la quarantaine.

En même temps retentit le bruit de deux coups frappés vivement à la porte.

VIII

Le regard d'un honnête homme.

Les deux hommes se regardèrent, il y avait dans l'air quelque chose comme le pressentiment d'un malheur.

Pendant cet instant de silence et d'inquiétude, on entendit prononcer deux fois le nom de M. Watrin.

La mère rentrait en ce moment.

— Qu'est-ce que cela et qui donc appelle le vieux. demanda-t-elle?

— C'est la voix de la mère Tellier, dit Guillaume; ouvre, femme.

Marianne alla vivement à la porte, l'ouvrit, et en effet la mère Tellier, toute haletante de la rapidité de sa course, parut sur le seuil.

— Bonsoir, monsieur Watrin et la compagnie, dit-elle; une chaise s'il vous plaît, une chaise: j'ai toujours couru depuis la fontaine du Prince.

Les deux hommes, à ce nom de la fontaine du Prince, se regardèrent de nouveau.

Puis Guillaume le premier, d'une voix altérée :

— Et qui nous procure le plaisir de vous voir à pareille heure, mère Tellier? demanda-t-il.

Mais, pour toute réponse, la mère Tellier porta la main à sa gorge.

— Un peu d'eau, pour l'amour de Dieu ! dit-elle, j'étrangle !

La mère Watrin s'empressa d'apporter à la bonne femme ce qu'elle demandait.

Elle but avidement.

— La mère, dit-elle, maintenant que je puis parler, je vais vous dire ce qui m'amène.

— Dites, la mère, dites, firent ensemble

Guillaume et Marianne, tandis que François se tenait à part, secouant tristement la tête.

— Eh bien! continua la mère Tellier, je viens de la part de votre garçon.

— De la part de Bernard!

— De la part de mon fils? dirent ensemble Guillaume et Marianne.

— Que lui est-il est-il donc arrivé, à ce pauvre jeune homme! demanda la messagère; il est entré chez moi il y a une heure, pâle comme un mort.

— Femme! dit Guillaume en regardant Marianne.

— Tais-toi, tais-toi, murmura celle-ci,

comprenant tout ce qu'il y avait de reproches dans ce seul mot.

— Il a bu coup sur coup deux ou trois verres de vin. Quand je dis coup sur coup, je me trompe, il les a bus d'un seul coup, car il buvait à même la bouteille.

Ce seul détail suffit pour épouvanter Guillaume; boire à même la bouteille était chose si peu dans les habitudes de Bernard, que cette action indiquait un dérangement considérable dans l'équilibre de son esprit.

— Bernard buvait à même la bouteille, répéta Guillaume, impossible!

— Et il buvait comme cela sans rien dire? demanda Marianne.

— Si fait, reprit la bonne femme — il

m'a dit au contraire comme cela. — Mère Tellier, faites-moi le plaisir d'aller jusqu'à la maison ; vous direz à Catherine que je lui écrirai bientôt.

— Comment! il a dit cela? s'écria la mère Watrin.

— Ecrire à Catherine! et pourquoi écrire à Catherine? demanda Guillaume de plus en plus inquiet.

— Oh! le coup de fusil, le coup de fusil! murmura François.

— Et il a dit cela et rien de plus? demanda Marianne.

— Oh! si fait, attendez donc.

Jamais narrateur n'avait eu auditoire plus attentif.

La mère Tellier continua :

— Alors, je lui ai demandé : — Et pour le père, n'y a-t-il rien? n'y a-t-il rien pour la mère?

— Ah! vous avez bien fait firent les deux époux en respirant comme des gens qui vont enfin savoir quelque chose.

— Alors il a répondu : — Au père et à la mère, annoncez-leur que je suis passé par ici, et dites-leur adieu de ma part.

— Adieu? répétèrent trois voix en même temps, avec trois intonations différentes.

Puis Guillaume seul :

— Il vous a chargé de nous dire adieu?

Et se retournant vers sa femme avec un ton d'indicible reproche :

— Oh femme ! femme ! s'écria-t-il en portant sa main sur ses deux yeux.

Mais ce n'est pas tout, continua la messagère.

Un même mouvement rapprocha d'elle Guillaume, Marianne et François.

— Qu'a-t-il ajouté ? demanda Guillaume.

— Il a ajouté : Dites-leur encore qu'ils gardent Catherine avec eux, que je leur serai reconnaissant de toutes les bontés qu'ils auront pour elle, et, si je venais à mourir comme votre pauvre Antoine...

— A mourir ! interrompirent ensemble et en pâlissant les deux vieillards.

— Dites-leur, continua la mère Tellier, qu'ils fassent Catherine leur héritière.

— Femme, femme, femme ! cria Guillaume en se tordant les bras.

— Oh ! le malheureux coup de fusil ! murmura François.

Marianne était tombée sur une chaise en éclatant en sanglots, car elle sentait, la pauvre mère, qu'elle était la cause première de tout cela, et, de plus que l'inquiétude qu'éprouvait son mari, elle en avait encore le remords.

En ce moment un cri douloureux retentit au dehors.

— Au secours ! au secours ! criait une voix éteinte.

Si éteinte que fût cette voix, chacun la reconnut, et Guillaume, Marianne, François et la mère Tellier crièrent ensemble :

— Catherine !

Mais, de tous, Guillaume fut le premier à la porte.

La porte, en s'ouvrant, laissa apparaître Catherine, pâle, les yeux hagards, échevelée, presque folle.

— Assassiné ! cria-t-elle, assassiné !

— Assassiné ! s'écrièrent les spectateurs de ces deux scènes, pendant lesquelles la terreur allait croissant.

— Assassiné ! assassiné ! répétait Catherine haletante entre les bras du père Guillaume.

— Assassiné ! mais qui ?

— M. Louis Chollet...

— Le Parisien ! s'écria François presque aussi pâle à son tour que Catherine.

— Mais quoi ? mais que racontes-tu donc ? Voyons, parle ! répéta Guillaume.

— Assassiné ! où ? chère demoiselle Catherine, demanda François.

— A la fontaine du Prince, murmura celle-ci.

Guillaume qui la soutenait faillit la laisser tomber.

— Mais par qui ? demandèrent à la fois la mère Tellier et la mère Watrin qui, n'ayant pas les mêmes raisons que Guillaume et François de craindre un grand malheur, avaient conservé la faculté d'interroger.

— Par qui ?

— Je ne sais, répondit Catherine.

Les deux hommes respirèrent.

— Mais enfin, demanda Guillaume, comment cela s'est-il passé ! Comment étais-tu là ?

— Je croyais aller rejoindre Bernard à la fontaine du Prince.

— Rejoindre Bernard ?

— Oui, Mathieu m'avait donné rendez-vous en son nom.

— Oh ! s'il y a du Mathieu dans cette affaire, murmura François, nous ne sommes pas au bout.

— Et, interrogea Guillaume, tu as été à la fontaine du Prince?

— Je croyais que Bernard m'y attendait; je croyais qu'il voulait me dire adieu. Ce n'était pas vrai, ce n'était pas lui.

— Ce n'était pas lui! s'écria Guillaume, se rattachant à chaque lueur d'espérance.

— C'était un autre homme.

— Le Parisien! s'écria François.

— Oui, en m'apercevant il vint à moi, car, par le magnifique clair de lune qu'il fait, il pouvait, à travers la clairière, me voir à plus de cinquante pas. Quand nous né fûmes plus qu'à dix pas l'un de l'autre, je le reconnus : je compris alors que j'étais tombée dans un piége. J'allais crier, appeler au secours, quand tout à coup un éclair a brillé dans la direction du grand chêne qui couvre le cabaret de madame Tellier. Un coup de fusil s'est fait entendre, M. Chollet a poussé un cri, a porté la main à sa poitrine et est tombé. Alors moi-même, vous le comprenez, je me suis sauvée comme une folle ; j'ai toujours couru, et me voilà ; mais, si la maison eût été seulement de vingt pas plus éloignée, je m'évanouissais, je mourais sur le chemin.

— Un coup de fusil! répéta Guillaume.

— C'est celui que j'avais entendu, murmura François.

Tout à coup une idée terrible qui paraissait l'avoir abandonnée, parut revivre dans l'esprit de Catherine; elle regarda autour d'elle avec un effroi croissant, et, voyant que celui qu'elle cherchait n'était point là :

— Où est Bernard, cria-t-elle, où est Bernard, au nom du ciel, où est-il? qui l'a vu?

Le plus morne silence eût répondu seul à cette douloureuse interrogation, si du seuil de la porte entr'ouverte depuis l'entrée de Catherine, une voix glapissante n'eût dit :

— Où il est, pauvre M. Bernard? où il est? je vas vous le dire, moi... il est arrêté.

— Arrêté ! balbutia simplement Guillaume.

— Arrêté ! Bernard, mon enfant ! s'écria la mère.

— Oh ! Bernard, Bernard ! voilà ce que je craignais, murmura Catherine en laissant tomber sa tête sur son épaule comme si elle s'évanouissait.

— Quel malheur, mon Dieu ! fit la mère Tellier en joignant les mains.

Seul, François, l'œil fixé sur le vagabond, comme s'il eût voulu lire en lui-même tout ce qu'il dirait et surtout tout ce qu'il ne dirait pas, grinça entre ses dents :

— Mathieu ! Mathieu !

— Arrêté! répéta Guillaume — comment, pourquoi cela?

— Dame! je ne peux pas trop vous dire, moi, répondit Mathieu, traversant d'un pas lent et pénible toute la largeur de la salle, pour aller s'asseoir dans la cheminée, sa place ordinaire; il paraît qu'on a tiré un coup de fusil sur le Parisien. Les gendarmes de Villers-Cotterêts, qui revenaient de la fête de Corcy, ont vu Bernard qui se sauvait, alors ils ont couru après lui, ils lui ont mis la main sur le collet, ils l'ont garrotté, et ils l'emmènent.

— Mais où cela l'emmènent-ils? demanda Guillaume.

— Oh! je n'en sais rien, moi; où on emmène les gens qui ont assassiné. Seulement, moi je me suis dit comme ça : —. J'aime M. Bernard, j'aime M. Guillaume, j'aime toute la maison Watrin, qui ma fait du bien, qui m'a nourri, qui m'a chauffé : il faut que je leur dise le malheur qui est arrivé au pauvre M. Bernard, parce qu'enfin, s'il y a un moyen de le sauver...

— Mon Dieu ! mon Dieu ! s'écria la mère, et quand on pense que c'est moi, mon entêtement, mon misérable entêtement qui est cause de tout cela !

Quant au père Guillaume, il paraissait plus calme et plus fort, mais peut-être, malgré l'apparence, souffrait-il plus que sa femme.

— Et tu dis, François, demanda-t-il à voix basse, que tu as reconnu le bruit de son fusil ?

— Puisque je vous l'ai dit; ça, voyez-vous,. j'en réponds.

— Bernard un assassin! murmura Guillaume, impossible!

— Écoutez, dit François comme frappé d'une illumination subite.

— Quoi! demanda le vieux garde-chef.

— Je vous demande trois quarts-d'heure.

— Pour quoi faire?

— Pour vous dire si Bernard est ou n'est pas l'assassin de M. Louis Chollet.

Et sans prendre ni son chapeau ni son fusil, François s'élança hors de la maison et disparut en courant sous la futaie.

Guillaume était tellement préoccupé de ce que venait de lui dire François et cherchait avec tant d'acharnement à se rendre compte de son projet, qu'à peine s'apercevait-il de deux choses. — La première, c'est que sa femme était evanouie, et la seconde! c'est que l'abbé Grégoire venait de rentrer.

Ce fut Catherine qui, la première, aperçut le digne prêtre que son vêtement noir empêchait de distinguer dans l'obscurité.

— Oh! s'écria-t-elle en courant à lui, c'est vous, monsieur l'abbé, c'est vous!

— Oui, dit-il. Je me suis douté qu'il y avait des larmes à essuyer ici, et je suis revenu.

— Oh! mon Dieu! mon Dieu! c'est ma faute, s'écria la mère Watrin en se laissant tomber de sa chaise à genoux; c'est ma faute, c'est ma très grande faute!

Et la pauvre pécheresse repentante frappait de toute la force de ses poings sa poitrine maternelle.

— Hélas! mon cher Guillaume, il l'avait dit en vous quittant : que le malheur retombe sur vous, et c'est sur vous en effet, que retombe le malheur.

— Oh! monsieur l'abbé, s'écria le vieux garde-chef, est-ce que vous aussi allez dire comme les autres qu'il est coupable?

— Nous allons bien le savoir, dit l'abbé.

— Eh bien! oui, nous allons le savoir, répondit Guillaume. Bernard est vif, emporté, colère, mais il n'est point menteur.

Le père Watrin prit son chapeau.

— Où allez-vous ?

— Je vais à la prison.

— Inutile, nous l'avons rejoint sur la grande route entre ses deux gendarmes, et M. le maire a ordonné de le ramener ici pour procéder en votre présence au premier interrogatoire; il espère que vous aurez sur Bernard qui vous aime tant, le pouvoir de lui faire dire la vérité.

En ce moment, comme s'il n'eût attendu que l'instant d'être annoncé par l'abbé, le maire entra.

En l'apercevant, Guillaume tressaillit d'instinct. Il sentait bien qu'il se trouvait en face d'un ennemi.

— Ma foi ! monsieur Watrin, dit le maire avec un méchant sourire, vous m'aviez défendu de passer le seuil de votre porte... mais vous comprenez bien qu'il y a telle circonstance...

Guillaume avait vu son sourire.

— Et vous n'êtes pas fâché de la circonstance, n'est-ce pas, monsieur le maire ? dit-il.

En ce moment, on entendit le piétinement des chevaux à la porte ; ce bruit tira le maire d'embarras en le dispensant de répondre.

Il tourna le dos à Guillaume, et, s'adressant aux gendarmes encore invisibles :

— Faites entrer le prévenu, dit-il, et gardez la porte.

A peine cet ordre était-il donné que Bernard, pâle, le front couvert de sueur, mais calme, parut sur le seuil de la porte, les deux pouces des mains liés l'un à l'autre.

En l'apercevant, la mère Watrin revint à elle et avec un admirable élan de mère :

— Mon enfant ! mon cher enfant ! s'écria-t-elle en s'apprêtant à s'élancer dans ses bras, tandis que Catherine voilait son visage de ses deux mains.

Mais Guillaume l'arrêta par le poignet.

— Un instant, dit-il, il s'agit auparavant de savoir si nous parlons à notre enfant ou à un assassin.

Et s'adressant au maire, tandis que les gendarmes conduisaient Bernard dans le fond de la salle :

— Monsieur le maire, dit-il, je demande à regarder Bernard en face, à lui dire deux mots, et ensuite c'est moi qui vous déclarerai s'il est coupable ou s'il ne l'est pas.

La permission était trop difficile à refuser tout à fait. Le maire fit entendre un grognement qui pouvait passer pour une autorisation.

Alors Guillaume, comme on dit au théâtre, s'empara de la scène, et, tandis qu'un demi-cercle se faisait, dont Bernard et les deux gendarmes formaient le point central, il étendit la main et avec un accent qui n'était point dépourvu d'une certaine solennité :

— Soyez tous témoins, vous qui êtes ici, de ce que je vais lui demander et de ce qu'il va me répondre, dit-il. — En présence de cette femme qui est ta mère, — de cette autre femme qui est ta fiancée; — en présence de ce digne prêtre qui a fait de toi un chrétien. Bernard, — moi, ton père, — moi, qui t'ai formé à l'amour de la vérité et à la haine du mensonge, — Bernard, je te demande ici, comme Dieu te le demandera un jour : Bernard, es-tu coupable ou es-tu innocent?

Et il fixa sur le jeune homme un regard

qui semblait vouloir lire au plus profond de son cœur.

— Mon père... répondit le jeune homme d'une voix douce et calme.

Mais Guillaume l'interrompit :

— Prends ton temps, Bernard, — ne te hâte pas de répondre — afin que ton cœur ne se précipite pas dans l'abîme — tes yeux sur mes yeux, Bernard — et vous tous, regardez-le bien — écoutez-le bien. Réponds, Bernard.

— Je suis innocent, mon père, dit Bernard avec une voix aussi calme que s'il se fût agi pour lui de la question la plus indifférente.

Excepté des bouches de Mathieu, du

maire et des gendarmes, un cri de joie sortit de toutes les bouches.

Guillaume étendit la main, et, la posant sur l'épaule de Bernard :

— A genoux, mon fils, dit-il.

Bernard obéit.

Alors, avec une expression de foi difficile à rendre :

— Je te bénis, mon enfant, dit Guillaume ; tu es innocent, c'est tout ce qu'il me faut. Quant à la preuve de ton innocence, elle viendra quand il plaira à Dieu. C'est maintenant une affaire entre les hommes et lui. Embrasse-moi, et que la justice ait son cours.

Bernard se releva et se jeta dans les bras de son père.

— Maintenant, dit celui-ci en faisant un pas de côté pour démasquer Bernard, à toi, la vieille !

— Oh ! mon enfant ! mon cher enfant ! s'écria la mère Watrin, il m'est donc permis encore de t'embrasser.

Elle lui jeta les bras autour du cou.

— Ma bonne, mon excellente mère ! s'écria Bernard.

Catherine attendait ; mais, quand elle fit un mouvement pour aller au prisonnier, celui-ci fit un geste de ses mains.

— Plus tard, dit-il, plus tard. Moi aussi, Catherine, sur votre salut éternel, j'ai une question à vous faire.

Catherine se recula avec un doux sourire, car elle aussi, maintenant, était aussi sûre de l'innocence de Bernard que de la sienne.

Ce que Catherine pensait tout bas, la mère Watrin le dit tout haut :

— Oh! moi aussi, s'écria-t-elle après l'avoir embrassé, j'en réponds bien, qu'il est innocent.

— Bien! dit le maire en ricanant, n'allez-vous pas croire, s'il est coupable, qu'il va tout bonnement dire comme ça : « Eh bien! oui, là, c'est moi qui ait tué M. Chollet? » — Pas si bête, pardieu!

Bernard fixa sur le maire son œil clair et presque impératif, et avec une grande simplicité d'accent :

— Je dirai, non pas pour vous, monsieur le maire, mais pour ceux-là qui m'aiment, — je dirai, et Dieu qui m'entend sais si je mens ou si je dis la vérité, oui, mon premier mouvement a été de tuer M. Chollet, quand j'ai vu apparaître Catherine et quand je l'ai vu, lui, se lever pour aller au-devant d'elle ; — oui, je me suis élancé dans cette intention ; — oui, dans cette intention, j'ai appuyé la crosse de mon fusil à mon épaule ; mais alors Dieu est venu à mon aide ; il m'a donné la force de résister à la tentation : j'ai jeté mon fusil loin de moi, et j'ai fui ; — c'est pendant que je fuyais qu'on m'a arrêté ; — seulement, je fuyais, non pas parce que j'avais commis un crime, mais pour ne pas le commettre.

Le maire fit un signe ; un gendarme lui présenta un fusil.

— Reconnaissez-vous ce fusil? demanda-t-il à Bernard.

— Oui, c'est le mien, répondit simplement le jeune garde.

— Il est déchargé du côté droit, comme vous voyez.

— C'est vrai.

— Et on l'a trouvé au pied du chêne qui domine la petite vallée de la fontaine du Prince.

— C'est, en effet, là que je l'ai jeté, dit Bernard.

En ce moment Mathieu se leva avec effort, porta la main à son chapeau, et l'on entendit une voix, à la modestie de laquelle on attribua son peu d'assurance, qui disait :

— Pardon ! excuse, monsieur le maire, mais j'ai peut-être une raison à faire valoir pour innocenter ce pauvre M. Bernard ; mais peut-être, en cherchant bien, qu'on retrouverait les bourres ; M. Bernard ne charge pas comme les autres gardes, avec du papier, mais avec des ronds de feutre enlevés à l'emporte-pièce.

Un murmure flatteur accueillit cette ouverture inattendue ; depuis un quart-d'heure Mathieu était complétement oublié.

— Gendarmes, dit le maire, l'un de vous ira sur le théâtre de l'assassinat et essaiera de retrouver les bourres.

— Demain matin au petit jour on y sera répondit un des gendarmes.

Bernard jeta un regard franc sur Mathieu et rencontra le regard terne de celui-ci ; il lui sembla voir l'œil d'un serpent briller dans l'ombre. Il se détourna avec dégoût.

Sous le rayon de flamme que projetait l'œil du jeune homme, peut-être Mathieu fut-il resté muet, mais Bernard s'étant détourné comme nous l'avons dit, le vagabond prit courage et continua :

— Et puis, dit-il, il y a encore une chose qui sera bien autrement convaincante pour l'innocence de M. Bernard.

— Laquelle ? dit le maire.

— J'étais là ce matin, dit Mathieu, quand

M. Bernard a chargé son fusil pour aller à la battue du sanglier : eh bien ! à seule fin de reconnaître ses balles, ils les avait marquées d'une croix.

— Ah ! ah ! dit le maire, il les avait marquées d'une croix.

— Ça, j'en suis sûr, dit Mathieu, c'est moi qui lui ai prêté mon couteau pour faire la croix ; — pas vrai, M. Bernard ?

Sous l'intention bienveillante Bernard sentait si instinctivement la dent aiguë et douloureuse de la vipère qu'il ne répondit même pas.

Le maire attendit un instant et, voyant que Bernard gardait le silence :

— Prévenu, dit-il, ces deux circonstances sont-elles exactes ?

— Oui, Monsieur, dit Bernard, c'est la vérité.

— Dam ! reprit Mathieu, vous comprenez bien, monsieur le maire, si l'on pouvait retrouver la balle et qu'elle n'eût point de croix, je répondrais bien alors que ce n'est point M. Bernard qui a fait le coup, de même que si, par exemple, la balle portait une croix et que les bourres fussent en feutre je ne saurais plus que dire.

Un gendarme s'approcha du maire, et portant la main à son chapeau :

— Pardon ! excuse, monsieur le maire, dit-il.

— Qu'y a-t-il, gendarme ?

— Il y a, monsieur le maire, que ce garçon a dit la vérité.

Et le gendarme montrait Mathieu.

— Comment savez-vous cela, gendarme ? demanda le maire.

— Voilà : pendant que ce garçon parlait, j'ai débourré le côté gauche du fusil. La balle a une croix et les bourres sont en feutre : voyez.

Le maire se tourna vers Mathieu.

— Mon ami, lui dit-il, tout ce que vous venez de dire dans une bonne intention pour Bernard tourne malheureusement contre Bernard, puisque voilà son fusil, et que son fusil est déchargé.

— Ah ! c'est-à-dire, reprit Mathieu, que le fusil fût déchargé, ça ne voudrait rien dire, monsieur le maire ; M. Bernard peut avoir déchargé son fusil ailleurs ; il n'y a que si l'on trouve la balle et les bourres de feutre, ah! dam! alors ce sera malheureux, très malheureux !

Le maire se retourna vers le prévenu :

— Ainsi, demanda-t-il, vous n'avez rien autre chose à dire pour votre défense?

— Rien, répondit Bernard, sinon que les apparences sont contre moi, mais que je suis innocent.

— J'avais espéré, dit solennellement le maire ; que la vue de vos parents, de votre fiancée, - il montra l'abbé Grégoire, — de ce digne prêtre, vous inspirerait de dire la vérité, voilà pourquoi je vous ai ramené ici. Je me trompais, il n'en est rien.

— Je ne puis dire que ce qui est, M. le maire. Je suis coupable d'une mauvaise pensée, je ne suis pas coupable d'une mauvaise action.

— C'est bien décidé?

— Quoi? demanda Bernard.

— Vous ne voulez pas avouer?

— Je ne mentirais pas pour moi, Monsieur, je ne saurais mentir contre moi.

— Allons! gendarmes, dit le maire.

Les gendarmes firent un mouvement de la tête, et poussant Bernard de la main :

— Allons marchons, dirent-ils.

Mais alors la mère Watrin, sortant de sa stupeur, s'élança entre la porte et son fils.

En bien! que faites-vous donc, monsieur le maire, s'écria-t-elle, vous l'emmenez?

— Sans doute je l'emmène, dit le maire.

— Mais où cela?

— En prison, pardieu!

— En prison, mais vous n'avez donc pas entendu qu'il est innocent?

— Le fait est, murmura Mathieu, que tant qu'on n'aura pas retrouvé la balle marquée d'une croix et les bourres de feutre...

— Ma chère madame Watrin, ma belle demoiselle, dit le maire, c'est un devoir bien rigoureux. Je suis magistrat. Un crime a été commis. Je n'examine pas à quel point doit me toucher ce crime qui frappe un jeune homme placé chez moi par ses parents ; un jeune homme qui m'était cher ; un jeune homme sur lequel j'étais chargé de veiller. Non, Chollet, comme votre fils, ne sont à mes yeux que deux étrangers. Mais il faut que la justice ait son cours. Il y a mort d'homme. Le cas est donc des plus graves. Allons ! gendarmes.

Les gendarmes poussèrent de nouveau Bernard vers la porte.

— Adieu ! mon père, adieu ! ma mère ! dit le jeune homme.

Bernard, suivi du regard ardent de Mathieu, qui semblait le pousser des yeux comme les gendarmes le poussaient de la main, fit quelques pas vers la porte.

Mais alors, à son tour, Catherine se trouva sur sa route.

— Et moi, Bernard, n'y a-t-il donc rien pour moi? demanda-t-elle?

Catherine, dit le jenne homme d'une voix étouffée, au moment de mourir et de mourir innocent, peut-être te pardonnerai-je ; mais en ce moment-ci, oh ! je n'en ai pas la force.

— Oh ! l'ingrat ! s'écria Catherine en se détournant, je le crois innocent et il me croit coupable !

— Bernard ! Bernard ! dit la mère Watrin, avant de la quitter, par grâce, mon enfant, dis à ta pauvre mère que tu ne lui en veux pas.

— Ma mère, dit Bernard avec une résignation pleine de tristesse et de grandeur, si je dois mourir, je mourrai en fils reconnaissant et respectueux, remerciant le Seigneur de m'avoir donné de si bons et si tendres parents.

Puis, à son tour, se retournant vers les gendarmes :

— Allons ! Messieurs, dit-il, je suis prêt.

Et au milieu des cris étouffés, des pleurs, des sanglots, il fit de la main un dernier signe d'adieu et s'avança vers la porte.

Mais sur le seuil, il trouva François haletant de sueur au front, sans cravate, son habit sur le bras, et qui lui barrait le passage.

IX

Les brisées de Mathieu.

A la vue du jeune homme, faisant d'un air impératif signe à tout le monde de ne pas faire un pas de plus, chacun comprit que François était porteur de quelque nouvelle importante.

Excepté Bernard, tout le monde fit donc un pas en arrière.

Mathieu ne pouvait reculer, le mur de la cheminée l'en empêchant, mais, quoiqu'il parût éprouver quelque difficulté à rester debout, il ne s'assit cependant point.

— Ouf! dit François en jetant, ou plutôt en laissant tomber son habit contre la muraille et en s'appuyant au chambranle de la porte, comme un homme prêt à tomber.

— Eh bien? demanda le maire, qu'est-ce encore; n'en finirons-nous pas aujourd'hui! — Gendarmes! à Villers-Cotterêts.

Mais l'abbé Grégoire comprit que c'était du secours qui arrivait.

— Monsieur le maire, dit-il en faisant

un pas en avant, ce jeune homme a quelque chose d'important à nous dire, écoutez-le ; n'est-ce pas François, que tu apportes quelque chose de nouveau et d'important ?

— Non, ne faites pas attention, dit François à la mère Tellier et à Catherine, qui s'empressaient près de lui, tandis que l'abbé, la mère Watrin et Guillaume le regardaient comme des naufragés, perdus sur un radeau au milieu de l'Océan et par la tempête, regardent à l'horizon le navire qui doit les sauver.

Puis, s'adressant au maire et aux gendarmes.

— Eh bien ! où allez-vous donc, vous autres ? demanda-t-il.

— François ! François ! s'écria la mère Watrin, ils emmènent mon enfant, mon fils, mon pauvre Bernard, en prison !

— Oh ! dit François, bon ! il n'est pas encore en prison et il y a une lieue et demie d'ici à Villers-Cotterêts, sans compter que le père Sylvestre est couché et que ça lui ferait de la peine de se lever à cette heure-ci.

— Ah ! fit Guillaume en respirant, car il comprenait que, du moment où François le prenait sur ce ton, François n'avait plus d'inquiétudes.

Et il bourra sa pipe, oubliée depuis plus d'une demi-heure.

Quant à Mathieu, il fit un mouvement dont personne ne s'aperçut, il se glissa de la cheminée à la fenêtre, sur le rebord de laquelle il s'assit.

— Ah çà! dit le maire, nous sommes donc ici les serviteurs de M. François? En route, gendarmes, en route.

— Pardon! monsieur le maire, dit François, mais j'ai quelque chose à dire contre ça.

— Contre quoi?

— Contre l'ordre que vous venez de donner.

— Et ce que tu as à dire en vaut-il la peine? demanda le maire.

— Dam! vous allez en juger. Seulement, je vous en préviens, cela sera peut-être un peu long.

— Ah ! si c'est si long que tu le dis. — c'est bien, ce sera pour demain, alors.

— Oh ! non, monsieur le maire, dit François, pour bien faire, il faudrait que ce fût pour ce soir.

— Mon ami, reprit le maire, d'un ton d'impatience protectrice, comme des renseignements positifs peuvent seuls être admis en matière criminelle, vous trouverez bon que je passe outre. Gendarmes, emmenez le prisonnier.

— Eh bien ! dit François en redevenant sérieux, alors vous m'écouterez, monsieur le maire, car les renseignements que j'apporte sont positifs.

— Monsieur le maire ! s'écria l'abbé Grégoire, au nom de la religion et de l'humanité, je vous adjure d'écouter ce jeune homme.

— Et moi, Monsieur, dit Guillaume, au nom de la justice, je vous ordonne de surseoir.

Le maire s'arrêta, presque effrayé, devant l'autorité magistrale de cet amour paternel. Cependant, ne voulant pas avoir l'air de se rendre :

— Messieurs, dit-il, du moment où il y a un mort, il y a un assassin.

— Pardon ! monsieur le maire, interrompit François, il y a un assassin, c'est vrai, mais il n'y a pas de mort.

— Comment ! pas de mort ! s'écria le maire.

— Pas de mort! répétèrent tous les assistants.

— Que dit-il donc? fit Mathieu.

— Le Seigneur soit loué! dit le prêtre.

— Eh bien! reprit François, quand je n'aurais que cela à vous dire, il me semble que c'est déjà une jolie nouvelle.

— Expliquez-vous, jeune homme, fit majestueusement le maire, enchanté d'avoir cette bonne nouvelle pour prétexte du sursis accordé à Bernard.

— M. Chollet a été renversé par la violence du coup, il est tombé évanoui du choc, mais la balle s'est aplatie sur la bourse pleine d'or qu'il avait dans la poche de son habit, et elle a glissé le long des côtes.

— Oh! oh! fit le maire, que dites-vous là, mon ami ; la balle s'est aplatie sur la bourse?

— En voilà de l'argent bien placé, hein! M. le maire, fit François.

— N'importe! mort ou non, reprit celui-ci, il y a eu tentative d'assassinat.

— Eh! continua François, qui vous dit le contraire?

— Allons au fait, fit le magistrat.

— Dam! dit François, je ne demande pas mieux, mais vous m'interrompez à tout moment.

— Voyons, parlez, parlez, François! s'écrièrent tous les assistants.

Deux d'entre eux restaient seuls muets,

mais dans une attente bien différente.

Bernard et Mathieu.

— Eh bien ! dit François, écoutez donc, monsieur le maire, voici comment la chose s'est passée...

— Mais, demanda le magistrat, comment peux-tu savoir de quelle façon la chose s'est passée, puisque tu étais avec nous dans cette chambre, à table, tandis qu'elle se passait à près d'une demi-lieue d'ici, et que tu ne nous as pas quittés?

— Eh bien! non, je ne vous ai pas quittés ; après? mais est-ce que, quand je dis : Il y a un sanglier là, c'est un mâle ou une femelle, c'est un tiéran, un ragot ou un solitaire, est-ce que j'ai vu le sanglier?

Non, j'ai vu la trace, et c'est tout ce qu'il me faut.

François n'avait pas même regardé du côté de Mathieu, mais Mathieu n'en avait pas moins senti un frisson lui passer par tout le corps.

—Je reprends donc, continua François: voici comment cela s'est passé: M. Bernard est arrivé le premier au cabaret de la mère Tellier. Est-ce vrai, mère Tellier?

—C'est vrai, dit la bonne femme, après?

— Il était fort agité?

— Oh! dit-elle, c'est encore vrai.

— Silence! fit le maire.

— Il marchait comme cela, continua

François en faisant de grands pas, et deux ou trois fois, d'impatience, il a frappé du pied près de la table qui est vis-à-vis de la porte.

— En demandant du vin, c'est vrai encore, s'écria la mère Tellier en levant au ciel des bras qui exprimaient son admiration pour la perspicacité presque miraculeuse de François.

Mathieu essuya avec sa manche la sueur qui perlait sur son front.

— Oh! dit François, répondant à l'exclamation de la bonne femme, cela n'est pas bien difficile à voir, il y a dans le sable des empreintes de soulier, de trois ou quatre lignes plus profonde que les autres.

— Comment as-tu pu voir cela la nuit?

— Bon, et la lune! Vous croyez donc qu'elle est là-haut pour faire aboyer les chiens seulement? Alors, M. Chollet est arrivé à cheval, du côté de Villers-Cotterêts; il a mis pied à terre à trente pas du cabaret de la mère Tellier, il a attaché sa bête à un arbre, puis il a passé devant M. Bernard. Je croirais même qu'il avait perdu et cherché quelque chose comme de l'argent, car il y avait du suif à terre, ce qui prouve qu'on a regardé à terre avec une chandelle. Pendant ce temps-là, M. Bernard était caché derrière le hêtre qui est en face de la maison, et il continuait de rager beaucoup; la preuve, c'est qu'il y avait deux ou trois places où la mousse avait été arrachée à la hauteur de la main; après avoir retrouvé ce qu'il cherchait, le Parisien s'est éloigné du côté de la fontaine du Prince, puis il s'est assis à quatre pas de la fontaine, puis s'est levé ; puis il a fait vingt-deux pas du côté de la route de Soissons : alors il a reçu le coup et il est tombé.

— Oh ! c'est bien cela, c'est bien cela ! s'écria Catherine.

— Demain, dit le maire, on saura qui a tiré le coup de fusil ; on retrouvera la bourre et l'on cherchera la balle.

— Oh ! il n'y a pas besoin d'attendre à demain pour cela, je les rapporte, moi !

Un rayon de joie illumina le front livide de Mathieu.

— Comment, dit le maire, vous les rapportez ? vous rapportez les bourres et la balle ?

— Oui, les bourres, comprenez-vous, elles étaient dans la direction du coup, et il était bien facile de les retrouver, mais pour la balle il y a eu plus de besogne, la diablesse de bourse et puis peut-être aussi un peu la côte l'avaient fait dévier, mais n'importe, je l'ai retrouvée dans un hêtre; tenez, la voici.

Et François dans le creux de sa main présenta au maire les deux bourres et la balle aplatie.

Le maire se fit éclairer par un des gendarmes.

— Vous voyez, Messieurs, dit-il, que les bourres sont en feutre, et quant à la balle, quoique aplatie et déformée, elle porte encore la marque d'une croix.

— Pardieu! dit François, la belle merveille! puisque ce sont les bourres de Bernard et que cette croix, c'est celle qu'il a faite ce matin sur la balle.

— Que dit-il donc, mon Dieu! s'écria le père Watrin en retenant sa pipe prête à lui échapper de ses mâchoires tremblantes.

— Oh! mais il le perd, le malheureux, s'écria Catherine.

— Ah! voilà ce dont j'avais peur, balbutia Mathieu avec une feinte pitié. Pauvre M. Bernard!

— Mais vous reconnaissez donc que le coup a été tiré avec le fusil de Bernard?

— Certainement, que je le reconnais, dit François. C'est le fusil de M. Bernard, c'est la balle de M. Bernard, et ce sont les bourres de M. Bernard; mais tout cela ne prouve pas que le coup ait été tiré par M. Bernard.

— Oh! oh! murmura Mathieu, se douterait-il de quelque chose?

— Seulement, comme je vous l'ai dit, M. Bernard rageait beaucoup, il frappait du pied, il arrachait la mousse, puis, quand M. Chollet s'est éloigné, il a suivi M. Chollet jusqu'au pied du chêne ; là il a visé, puis, tout à coup, il a changé d'avis, il a fait quelques pas à reculons, puis il a jeté son fusil à terre ; le chien qui était armé et le bout du canon sont marqués dans le chemin, puis il s'est enfui !

— Oh! mon bon seigneur Jésus! dit la mère Watrin, il y a miracle.

— Que vous ai-je dit, monsieur le maire? demanda Bernard.

— Tais-toi, Bernard, fit le père Guillaume, laisse parler François; ne vois-tu pas qu'il est sur la piste, le fin lévrier?

— Oh! oh! murmura Mathieu, cela commence à devenir inquiétant.

— Alors, continua François, un autre est venu.

— Quel autre? demanda le maire.

— Oh! je ne sais pas, moi, dit François en clignant de l'œil à Bernard, un autre, voilà tout ce que j'ai pu voir.

— Bon! je respire, fit Mathieu.

— Il a ramassé le fusil — il a mis un genou en terre, ce qui prouve qu'il n'est pas si fin tireur que Bernard — et il a fait feu : c'est alors, comme je vous l'ai dit, que M. Chollet est tombé.

— Mais quel intérêt le nouveau-venu pouvait-il avoir à tuer M. Chollet?

— Ah! je n'en sais rien, pour le voler peut-être.

— Comment savait-il qu'il avait de l'argent?

— Est-ce que je ne vous ai pas dit que je croyais que le Parisien avait laissé tomber sa bourse dans la hutte de feuillage où la mère Tellier fait rafraîchir son vin? — Eh bien! je ne serais pas étonné que l'assassin eût été caché dans la hutte à ce moment-là. — J'y ai vu la trace d'un homme couché à plat ventre et qui avait creusé le sable avec ses mains.

— Mais on a donc volé M. Chollet? demanda Guillaume.

— Je crois bien, on lui a pris deux cents louis; rien que cela !

— Oh! pardon! mon pauvre Bernard, dit le père Guillaume, je ne savais pas qu'on eût volé le Parisien quand je t'ai demandé si tu étais son meurtrier.

— Merci! bon père, dit Bernard.

— Mais enfin, le voleur? demanda le maire.

— Puisque je vous dis que je ne le connais pas, seulement, en courant de l'endroit où il a tiré le coup à celui où M. Chollet a tombé, il a défoncé un terrier de lapins, et il s'est donné une entorse au pied gauche.

— Oh! le démon! murmura Mathieu, qui sentait ses cheveux se dresser sur sa tête.

— Par exemple! c'est trop fort! s'écria le maire. Comment peux-tu savoir qu'il s'est donné une entorse?

— Ah! la belle malice! répondit François. Pendant trente pas, les deux pieds sont tracés d'une façon égale; pendant tout le reste de la route, il n'y en a plus qu'un qui porte tout le poids du corps. Celui-là, c'est le droit; l'autre marque à peine, c'est le gauche : donc il s'est donné une entorse au pied gauche, et quand il appuie dessus, dam! ça lui fait mal.

— Ah! murmura Mathieu.

— Voilà pourquoi il ne s'est pas sauvé, continua François, non, s'il s'était sauvé, il serait à cette heure à cinq ou six lieues d'ici, d'autant plus qu'avec les pieds qu'il a il doit bien marcher. Non, il est venu enterrer ses deux cents louis à vingt pas de la route et à cent pas d'ici entre deux gros buissons, au pied d'un bouleau ; il est reconnaissable, étant seul de son espèce — le bouleau, bien entendu.

Mathieu passa, en s'essuyant le front pour la seconde fois, une de ses jambes de l'autre côté de la croisée ouverte.

— Et de là, demanda le maire, où est-il allé?

—Ah! de là, il est allé sur la grande

route, et sur la grande route il y a des pavés : ni vu ni connu, je t'embrouille.

— Et l'argent ?

Pardon ! c'est de l'or, M. le maire, toutes pièces de vingt et de quarante francs.

— Cet or, vous l'avez pris et apporté comme preuve de conviction ?

— Ouf! dit François. Je m'en suis gardé, de l'or de voleur, ça brûle.

Et il secoua les doigts comme s'il s'était brûlé effectivement.

— Mais enfin ?

Et puis, continua François, je me suis dit : Mieux vaut faire une descente sur les lieux avec la justice, et, comme le voleur ne se doute pas que je connais sa cachette, on trouvera le magot.

— Tu te trompes, dit Mathieu en enjambant la fenêtre et en jetant un regard de haine à Bernard et à François, on ne le trouvera pas.

Et il s'éloigna sans que personne, excepté François, s'aperçût de son départ.

— Est-ce tout, mon ami? demanda le maire.

— Ma foi! oui, à peu près, M. Raisin, répondit François.

— C'est bien; la justice appréciera votre déposition. En attendant, comprenez bien que, comme vous ne nommez personne; comme tout roule sur des suppositions, l'accusation continue de peser sur Bernard.

— Ah! quand à cela, je n'ai rien à dire, répliqua François.

— En conséquence, j'en suis désespéré, monsieur Guillaume, j'en suis désespéré, madame Watrin; mais Bernard doit suivre les gendarmes et se rendre en prison.

— Eh bien ! soit, Monsieur le maire ; femme, donne-moi deux chemises et ce qu'il me faut pour rester en prison avec Bernard.

— Et moi aussi ! et moi aussi ! s'écria la mère, je suivrai mon fils partout où il ira.

— Faites comme vous voudrez, mais en route.

Et le maire fit un signe aux gendarmes, qui forcèrent Bernard de faire un pas vers la porte.

Mais François fit ce qu'il avait déjà fait, et, se mettant sur la route du prisonnier :

—Encore un instant, monsieur le maire, dit-il.

— Si tu n'as rien à ajouter à ce que tu as dit, répliqua le maire...

— Non, rien; mais c'est égal. Tenez, supposons...

Il parut chercher quelque chose dans sa tête.

— Supposons quoi? demanda le maire.

— Supposons, une supposition ; supposons que je connaisse le coupable.

Tout le monde jeta un cri.

— Supposons, par exemple, continua François en baissant la voix, qu'il était là tout à l'heure.

— Mais alors! s'écria le maire, la preuve nous échapperait et nous retomberions dans le doute.

— Oui, c'est vrai; mais une dernière supposition, M. le maire. Supposons que j'ai embusqué dans le buisson de droite Bobineau, et dans le buisson de gauche Lajeunesse, et qu'au moment où le voleur mettra la main sur son trésor, ils mettent, eux, la main sur le voleur, ah!

En ce moment, on entendit un bruit sur la grande route, pareil à celui d'un homme qui ne voudrait point marcher et qu'on force de marcher malgré lui.

— Eh! tenez, tenez, dit François avec un éclat de rire qui couronnait merveilleusement sa période, ils le tiennent, il ne veut pas revenir et ils sont obligés de le pousser.

En même temps Lajeunesse et Bobineau, tenant Mathieu au collet, parurent sur le seuil de la porte.

— Eh! troun de l'air! dit Bobineau, marcheras-tu, vagabond?

— Allons! drôle, ne fais pas le méchant, dit Lajeunesse.

— Mathieu! s'écrièrent les assistants d'une seule voix.

— Tenez, monsieur le maire, dit Lajeunesse, voilà la bourse...

— Et voilà le voleur, ajouta Bobineau. — Allons causer un peu avec M. le maire, mon bijou.

Et il poussa Mathieu, qui, obéissant malgré lui à l'impulsion, fit quelques pas en boitant.

— Eh bien! s'écria François, quand je vous disais qu'il boitait de la jambe gauche. En prendrez-vous une autre fois, de mes almanachs, monsieur le maire?

— Mathieu vit qu'il n'y avait point à nier; il était pris, il ne lui restait plus qu'à faire contre fortune bon cœur.

— Eh bien! oui, dit-il. Quoi? Après?

C'est moi qui ai fait le coup, je ne nie pas. Je voulais seulement brouiller M. Bernard avec Mademoiselle Catherine, parce que M. Bernard m'avait donné un soufflet. Quand j'ai vu l'or, ça ma tourné la tête. M. Bernard avait jeté son fusil. Le diable m'a tenté, je l'ai ramassé, et puis voilà. Mais pas un cheveu de préméditation, et, comme le Parisien n'est pas mort, on en sera quitte pour dix ans de galères.

Toutes les poitrines se dilatèrent, tous les bras se tendirent vers Bernard, mais la première qui fut sur le cœur du jeune homme fut Catherine.

Bernard fit un mouvement inutile pour la presser contre son cœur, il avait les mains liées.

L'abbé Grégoire aperçut le douloureux

sourire qui passa sur les lèvres du jeune homme.

— Monsieur le maire, dit-il, j'espère que vous allez ordonner qu'à l'instant même Bernard soit libre.

— Gendarmes, ce jeune homme est libre, dit le maire; déliez-lui les mains.

Les gendarmes obéirent.

Il y eut alors un moment de confusion dans lequel père, mère, enfant, fiancée, formèrent un groupe sans forme comme sans nom, d'où il sortait des cris de bonheur, des sanglots de joie.

Tout le monde pleurait, il n'y eut pas jusqu'au maire qui essuya une larme.

Mais comme Mathieu jurait dans le tableau :

— Emmenez cet homme à la prison de Villers-Cotterêts, dit-il aux gendarmes en désignant Mathieu, et écrouez-le solidement.

— Oh! le père Sylvestre, dit Mathieu, va-t-il être embêté d'être réveillé à cette heure-ci!

Et, dégageant ses mains de celles des gendarmes qui voulaient lui mettre les menottes, il fit entendre une dernière fois le cri de la chouette.

Après quoi il livra ses mains, se laissa garrotter et sortit entre les gendarmes.

X

Conclusion.

Mathieu fut donc conduit à la prison de Villers-Cotterêts et écroué chez le père Sylvestre, aux lieu et place de Bernard Watrin.

Une fois le vrai coupable arrêté et entraîné par les gendarmes sur la grande route;

Une fois le maire sorti, la tête basse et jetant en arrière un regard de repentir;

Une fois les braves habitants de la Maison Neuve rendus à eux-mêmes et débarrassés des étrangers, car la mère Tellier, la bonne ménagère, car le digne abbé Grégoire, car Lajeunesse et Bobineau, ces deux habiles acteurs qui avaient contribué au dénoûment du drame, car l'ami François, l'adroit suiveur de traces qui l'avait accompli avec une sagacité qui eût fait honneur au dernier des Mohicans, n'étaient point des étrangers, rien ne troubla plus l'explosion de joie qui éclata dans la famille.

Ce fut d'abord une loyale poignée de main échangée entre le fils et le père. La poignée de main du fils disant :

— Vous voyez que je ne vous mentais point, mon père.

La poignée de main du père répondant :

— Est-ce que je t'ai jamais sérieusement soupçonné, Bernard ?

Puis vint une longue étreinte entre le fils et la mère, étreinte dans laquelle la mère murmurait tout bas :

— Et quand on pense que tout cela, c'est ma faute !

— Chut ! n'en parlons plus, répondait Bernard.

— Que c'est moi qui par mon entêtement suis cause de tout !

— Voulez-vous bien ne pas dire cela ?

— Me pardonneras-tu, mon pauvre cher enfant ?

— Oh ! ma mère ! ma bonne mère !

— En tout cas, j'ai été bien punie, va !

— Et vous serez bien récompensée, je l'espère.

Puis Bernard alla prendre les deux mains

de l'abbé Grégoire, et regardant le bon prêtre en face :

— Ni vous non plus, monsieur l'abbé, dit-il, vous n'avez pas douté de moi?

— Est-ce que je ne te connaissais pas mieux que ton père et ta mère?

— Oh! mieux, M. l'abbé, dit la mère Watrin.

— Eh! oui, mieux, dit le père.

— Oh! par exemple, s'écria la vieille prête à commencer une discussion, je voudrais bien savoir qui est-ce qui connaît mieux un enfant que sa propre mère.

— Celui qui a fait l'esprit après que la mère a fait le corps, dit Watrin. Est-ce que je réclame, moi? Fais comme moi, vieille, tais-toi.

— Oh non ça! par exemple, je ne me tairai jamais quand on me dira qu'il y a quelqu'un qui connaît mieux mon fils que moi-même.

— Si, ma mère, si, vous vous tairez, dit Bernard ; et je n'aurai pour cela qu'un mot à dire à une femme si religieuse que vous êtes, puis il ajouta en riant :

— Oubliez-vous que M. l'abbé est mon confesseur ?

Puis vint le tour de Catherine ; Bernard l'avait gardée pour la dernière.

L'égoïste ! c'était pour la garder plus longtemps.

Aussi, arrivé à elle :

Catherine, s'écria Bernard d'une voix étouffée, chère Catherine !

— Bernard, mon bon Bernard ! murmura celle-ci avec des larmes plein les yeux et plein la voix.

— Oh ! viens, viens, dit Bernard en entraînant la jeune fille par la porte restée ouverte.

— Eh bien! mais où vont-ils donc? s'écria la mère Watrin avec un mouvement si rapide qu'il ressemblait à de la jalousie.

Le père haussa les épaules.

— A leurs affaires, il faut croire, dit-il en bourrant sa pipe : laissez-les donc aller, femme.

— Mais...

— Voyons, est-ce qu'à leur âge et en pareille circonstance nous n'aurions pas eu quelque chose à nous dire?

— Hum ! fit la mère en jetant un dernier regard du côté de la porte.

Mais la porte eût-elle été ouverte, elle n'eût rien vu ; les deux jeunes gens avaient déjà gagné le bois et s'étaient perdus sous l'ombre la plus épaisse.

Quant à Bobineau, à Lajeunesse, à François et au père Watrin, ils s'étaient mis à mirer à la lumière des chandelles les bouteilles qui restaient sur la table et à étudier consciencieusement ce qui leur restait dans le ventre.

L'abbé Grégoire profita de cette occupation dans laquelle étaient absorbés les quatre compères, pour prendre silencieusement sa canne et son chapeau, se glisser sans bruit par l'entrebâillement de la porte et reprendre sans bruit le chemin de Villers-Cotterêts, où il retrouva sa sœur, madame Adélaïde Grégoire, qui l'attendait dans la plus vive anxiété.

Les deux femmes, la mère Watrin et la mère Tellier, s'accroupirent dans la grande cheminée, et se mirent à dévider un écheveau de paroles qui, pour être dévidé à voix basse, n'en fut ni moins long, ni moins embrouillé.

Aux premiers rayons du jour, Bernard et Catherine reparurent sur le seuil de la porte comme deux oiseaux voyageurs qui, partis ensemble, reviennent ensemble. Catherine, le sourire sur les lèvres, et tout en perdant de vue le moins possible son fiancé, alla embrasser la mère Watrin, le père Watrin, et s'apprêta à remonter à sa chambre.

Mais à peine eut-elle fait le premier pas qui conduisait de la table où étaient assis les quatre hommes à la porte de l'escalier, que Bernard l'arrêta comme si elle oubliait quelque chose.

— Eh bien! fit-il du ton d'un doux reproche.

Catherine n'eut point besoin de demander d'explication : Bernard était compris par cette âme sœur de la sienne.

Elle alla à François et lui présenta les deux joues.

— Quoi? demanda François tout étonné d'une pareille aubaine.

— Elle t'embrasse pour te remercier — parbleu! dit Bernard. Il me semble que nous te devons bien cela.

— Ah! s'écria François. — Ah! mademoiselle Catherine, et il s'essuya la bouche avec sa serviette et fit claquer un gros baiser sur chaque joue rougissante de la jeune fille.

Puis Catherine, tendant une dernière

fois la main à Bernard, remonta dans sa chambre.

— Allons, allons! mes enfants, dit celui-ci. Je crois qu'il serait temps de se mettre en tournée. Ce n'est pas le tout que d'être heureux, il faut que la besogne du duc d'Orléans se fasse.

Et il reprit avec un indéfinissable regard son fusil rapporté par les gendarmes, comme preuve de conviction, et déchargé, d'un côté.

— Et quand on pense, murmura-t-il... enfin.

Et, enfonçant son chapeau sur sa tête :

— Partons, dit-il, partons!

En sortant, Bernard leva la tête.

Catherine était à sa fenêtre, souriant à ce soleil levant qui allait éclairer un de ses bons jours. Elle vit Bernard, cueillit un œillet, y déposa un baiser et le lui jeta.

Bernard ne laissa point tomber l'œillet jusqu'à terre. Il le retint à la volée, reprit le baiser qui était caché entre ses feuilles parfumées et mit l'œillet dans sa poitrine.

Puis, suivi de ses trois camarades, il s'enfonça dans la forêt.

Le jour rappelait la mère Tellier à sa cantine, elle prit congé des amis Watrin et s'achemina vers la cabane de la fontaine du Prince du même pas pressé qu'elle était venue.

Puis elle emportait une somme de nouvelles qui allait défrayer les conversations de toute la journée.

Bernard innocent — Mathieu coupable — le mariage de Catherine et de Bernard fixé à quinze jours. Il y avait longtemps qu'un pareil sujet de causerie n'avait été livré aux commères du village.

Il y eut alors une lutte de dévoûment entre le père et la mère Watrin, chacun des deux voulant envoyer coucher l'autre et tenant à se sacrifier pour la garde de la maison. Comme, grâce à l'entêtement de la mère, cet assaut d'abnégation menaçait de dégénérer en querelle, le père Watrin prit son chapeau, enfonça ses mains dans ses poches et s'en alla promener sur la route de Villers-Cotterêts.

Arrivé au Saut-du-Cerf, il vit M. Raisin qui revenait dans sa petite carriole avec son ancien domestique, Pierre.

A la vue du maire, Watrin fit un mouvement pour gagner la forêt; mais il avait été reconnu.

M. Raisin arrêta sa carriole, sauta à

terre et courut vers le bonhomme en criant :

—Eh! monsieur Watrin! cher monsieur Watrin!

Watrin s'arrêta.

Ce qui lui faisait fuir le maire, c'était ce sentiment de pudeur que tout honnête homme a au fond de la conscience, qui s'étend de lui aux autres, et qui le fait rougir pour les autres quand ceux-ci accomplissent des actes qui ne sont pas précisément honnêtes.

Or, on se rappelle que les propositions que le marchand de bois avait faites la nuit précédente au père Watrin n'étaient pas précisément honnêtes.

Tout en s'arrêtant, le père Watrin se demandait donc ce que pouvait lui vouloir le maire.

Il attendit, le dos tourné; et, seulement quand le maire fut près de lui, il fit volte-face:

— Eh bien! demanda-t-il brusquement à M. Raisin, qu'y a-t-il encore?

— Il y a, monsieur Watrin, dit le maire assez embarrassé et parlant chapeau bas au vieux garde, tandis que celui-ci l'écoutait le chapeau sur la tête, il y a que, depuis que je vous ai quitté ce matin, j'ai beaucoup réfléchi.

— Ah! vraiment, dit le père Watrin, et à quoi?

— A tout, cher monsieur Watrin, et particulièrement à ceci, qu'il n'est ni bien ni beau de vouloir s'emparer du bien de son voisin, ce voisin fût-il prince.

— A quel propos me dites-vous cela, Monsieur, et de quel bien ai-je jamais voulu m'emparer? demanda le vieillard.

— Mon cher Watrin, dans ce que je viens de dire, continua le maire avec une certaine humilité, croyez qu'il n'a aucunement été question de vous.

— Et de qui donc est-il question, alors?

— Mais de moi seulement, monsieur Watrin, et des méchantes propositions que je vous ai faites cette nuit à propos des baliveaux et des modernes qui peuvent avoisiner les limites de ma vente.

— Bon! et c'est cela qui vous ramène?

— Pourquoi pas, si j'ai compris que j'avais tort, et que je devais des excuses à un brave et honnête homme que j'avais insulté?

— Moi? vous ne m'avez pas insulté, monsieur le maire.

— Si fait. On insulte un honnête homme

quand on lui fait des propositions telles qu'il ne peut les accepter qu'en donnant un démenti à sa vie tout entière.

— Bon! ce n'était point la peine de vous déranger pour si peu, monsieur Raisin.

— Vous appelez *si peu* que de rougir devant son semblable et ne plus oser lui donner la main quand on le rencontre! J'appelle cela beaucoup, moi, Monsieur. Aussi je vous prie de me pardonner, monsieur Watrin.

— Moi? demanda le vieux garde.

— Oui, vous.

— Je ne suis pas l'abbé Grégoire pour vous pardonner, dit le vieillard moitié touché, moitié riant.

— Non, mais vous êtes monsieur Watrin, et tous les honnêtes gens sont une même famille. — J'en suis sorti un instant, donnez-moi la main pour y rentrer, monsieur Watrin.

Le maire prononça ces paroles avec un accent si profondément senti, que les larmes en vinrent aux yeux du vieillard. Il ôta son chapeau de la main gauche, comme il eût fait devant l'inspecteur, M. Deviolaine, et tendit la main au maire.

Celui-ci la lui prit, et la lui serrant à la briser, si la main du vieux garde n'avait pas été douée elle-même d'une grande solidité :

— Maintenant, monsieur Watrin, lui dit-il, ce n'est pas le tout !

— Comment, ce n'est pas le tout ? demanda le garde.

— Non.

—Qu'y a-t-il donc encore monsieur Raisin?

— J'ai que je n'ai pas eu de torts cette nuit seulement vis-à-vis de vous seul.

— Ah! oui, vous voulez parler de votre accusation contre Bernard. Vous voyez, monsieur le maire, il ne faut pas se hâter d'accuser.

— Je vois, Monsieur, que ma colère contre vous m'a rendu injuste et a failli me faire commettre une action qui sera le remords de toute ma vie, si M. Bernard ne me pardonne pas.

— Oh! qu'à cela ne tienne! tranquillisez-vous, monsieur le maire, Bernard est si heureux qu'il a déjà tout oublié.

— Oui, cher monsieur Watrin, mais dans certains moments il peut se souvenir, et dans ces moments-là secouer la tête et dire entre ses dents :

« C'est égal, M. le maire est un méchant homme tout de même. »

— Ah! dit le père Watrin en riant, je ne vous réponds pas que dans un moment de méchante humeur la chose ne lui reviendra pas à la pensée.

— Il y a un moyen—non pas que la chose ne lui revienne pas à la pensée, on n'est pas maître de sa mémoire, — mais que la chose lui venant à la pensée, il la repousse!

— Lequel?

— C'est qu'il me pardonne cordialement et sincèrement comme vous venez de le faire, vous.

— Oh! quant à cela, je vous en réponds comme de moi-même. Bernard, voyez-vous, il n'a pas plus de fiel qu'un poulet. Ainsi, regardez donc la chose comme faite ; s'il le faut même, pour ne pas vous déranger, et comme au bout du compte il est le plus jeune, il passera chez vous.

— J'espère bien qu'il passera chez moi et qu'il s'y arrêtera, même, et vous, la mère Watrin, et Catherine et François, et tous les gardes de votre garderie.

— Bon ! Et quand cela?

— En sortant de la messe nuptiale.

— A quel propos ?

— A propos du repas des noces.

— Ah ! monsieur Raisin, non, merci!

— Ne dites pas non, monsieur Watrin, c'est résolu ainsi; dame! à moins que vous ne teniez absolument à me garder rancune, vous et votre fils: Je me suis mis dans la tête que ce soit moi qui donnerais le dîner de noces, que voulez-vous? J'ai été à peine couché en revenant de chez vous, cette nuit, que ça m'a trotté dans la tête au point de m'empêcher de dormir. J'en ai fait le menu.

— Mais, monsieur Raisin...

— Il y aura d'abord un jambon du sanglier que vous avez tué hier, ou plutôt que François a tué, puis M. l'inspecteur permettra bien qu'on abatte un chevreuil ; j'irai moi-même aux étangs de la Ramée choisir le poisson—la maman Watrin fera les gibelottes, attendu qu'elle les fait, dame! comme personne ; — puis nous avons un joli vin de Champagne qui vient directement d'Epernay et un vieux vin de Bourgogne qui ne demandent qu'à se laisser boire.

— Cependant, monsieur Raisin.

— Pas de *si*, pas de *mais*, pas de *cependant*, père Guillaume, ou bien je dirai :

Allons ! Raisin, il paraît que tu es vraiment un méchant homme, puisque te voilà brouillé à mort avec les plus honnêtes gens de la terre.

— Monsieur le maire, je ne puis vous répondre de rien.

— Ah ! si vous ne répondez de rien, alors ça ira mal pour les femmes, car ce sont les femmes, voyez-vous, c'est madame Raisin, c'est mademoiselle Euphrosine, qui m'ont fourré un tas de sottes et jalouses idées dans la tête ! Ah ! que M. l'abbé a bien raison de dire que de tout temps la femme a perdu l'homme.

Le père Watrin allait peut-être résister encore, quand il sentit qu'on le tirait par la poche de sa veste.

Il se retourna.

C'était le vieux Pierre.

— Ah ! M. Watrin, dit le bonhomme, ne refusez pas à monsieur le maire ce qu'il vous demande ! au nom... au nom...

Et le vieux Pierre chercha au nom de quoi il pouvait invoquer la miséricorde du père Guillaume.

— Ah ! dit-il, au nom des deux pièces de cents sous que vous avez données pour moi à M. l'abbé Grégoire, quand vous avez su que M. le maire m'avait chassé pour prendre Mathieu.

— Encore une idée que ces satanées femmes m'avaient fourrée dans la tête — ah ! les femmes, les femmes ! — il n'y a que la vôtre qui soit une sainte, M. Watrin.

— La Mère, elle !... s'écria Watrin — Oh ! oh ! — l'on voit bien...

Le père Watrin allait dire — on voit bien que vous ne la connaissez-pas — mais il s'arrêta à temps et en riant acheva sa phrase :

— On voit bien que vous la connaissez, dit-il.

Puis regardant le maire qui attendait sa réponse définitive avec anxiété :

— Allons ! dit-il, c'est convenu. On dînera chez vous le jour de la noce.

— Et la noce aura lieu huit jours plus tôt que vous ne croyez, s'écria M. Raisin.

— Comment cela ? demanda le vieux garde.

— Devinez où je vais.

— Quand ?

— De ce pas.

— Où vous allez !

— Oui. Eh bien ! je vais à Soissons acheter les dispenses à Monseigneur l'évêque.

Et le maire remonta dans sa carriole avec le vieux Pierre.

Eh bien! dit le père Watrin en riant, je vous réponds de Bernard alors. Vous lui en auriez fait dix fois pire qu'il vous pardonnerait tout de même.

M. Raisin fouetta sa carriole, que le père Guillaume suivit des yeux avec tant de préoccupation, qu'il en laissa éteindre sa pipe.

Puis quand la carriole eut disparu :

— Ma foi, dit-il, je ne le croyais pas si brave homme que cela !

Et battant le briquet :

— Il a raison, continua-t-il, ce sont les femmes... Oh! les femmes! les femmes! murmura le père Watrin entre les bouffées de fumée de sa pipe.

Puis, secouant la tête, il revint d'un pas

lent et pensif vers la Maison-Neuve.

Quinze jours après, grâce aux dispenses achetées par M. Raisin à monseigneur l'évêque de Soissons, l'orgue retentissait joyeusement dans la petite église de Villers-Cotterêts, tandis que Bernard et Catherine, agenouillés devant l'abbé Grégoire, souriaient aux plaisanteries de François et de quiot Biche, qui suspendaient au-dessus de la tête des deux jeunes gens le poêle nuptial.

Madame Raisin et sa fille, mademoiselle Euphrosine, agenouillées sur des chaises rembourrées de velours et marquées à leur chiffre, assistaient à la cérémonie un peu en dehors des autres conviés.

Mademoiselle Euphrosine regardait du coin de l'œil le beau Parisien encore pâle de sa blessure, mais déjà assez bien remis cependant pour assister à la noce.

Mais il était évident que M. Chollet était bien autrement préoccupé de la belle mariée, toute rougissante sous sa couronne d'oranger, que de mademoiselle Euphrosine.

L'inspecteur et toute sa famille assistaient à la cérémonie entouré de ses trente ou quarante gardes forestiers comme d'une garde d'honneur.

L'abbé Grégoire prononça un discours qui ne dura pas plus de dix minutes, mais qui fit fondre en larmes tous les assistants.

A la sortie de l'église, une pierre lancée avec force tomba au milieu de la noce, mais par bonheur sans blesser personne.

La pierre venait du côté de la prison,

qui n'est séparée de l'église que par une petite ruelle.

On aperçut Mathieu derrière les barreaux d'une fenêtre.

C'était lui qui venait de lancer la pierre.

Alors, voyant qu'on le regardait, il rapprocha ses mains l'une de l'autre, et imita le cri de la chouette.

— Ohé! M. Bernard, cria-t-il, vous savez, le cri de la chouette porte malheur.

— Oui, répondit François; mais quand le prophète est mauvais, la prédiction est fausse.

Et la noce s'éloigna, laissant le prisonnier grincer les dents.

Le lendemain, Mathieu fut transféré des prisons de Villers-Cotterêts dans celles de Laon, où se tiennent les assises du département.

Comme il l'avait prévu, il fut condamné à dix ans de galères.

Dix-huit mois après, les journaux, aux faits divers, contenaient cette nouvelle :

« On lit dans le *Sémaphore de Marseille :*

« Une évasion vient d'être tentée au
« bagne de Toulon, qui a mal réussi au
« malheureux qui essayait de fuir.

« Un forçat, après s'être procuré, on ne
« sait comment, une lime, était parvenu à
« scier l'anneau de sa chaîne et à se ca-
« cher sous une pile de bois des chantiers
« où travaillent les galériens.

« Le soir venu, il gagna le bord de la
« mer en rampant et sans être vu de la
« sentinelle ; mais, au bruit qu'il fit en
« sautant à l'eau, la sentinelle se retourna
« et s'apprêta à tirer sur le fugitif, au mo-

« ment où, pour respirer, il reparaîtrait à
« la surface de la mer. Au bout de quel-
« ques secondes, il reparut, et le coup de
« fusil du soldat, suivit instantanément
« son apparition.

« Le fugitif plongea, mais cette fois pour
« ne plus reparaître.

« La détonnation de l'arme à feu attira
« en un instant une partie des soldats et
« des employés du bagne sur le théâtre de
« l'événement; on mit deux ou trois bar-
« ques à la mer, mais l'on chercha en vain
« soit le fugitif, soit son cadavre.

« Le lendemain seulement, vers dix heu-
« res du matin, un corps inerte et flottant
« reparut à la surface de l'eau; c'était ce-
« lui du forçat qui avait tenté de s'évader
« la veille.

« Ce malheureux, condamné à dix ans

« de travaux forcés pour tentative d'assas-
« sinat avec préméditation, mais accom-
« pagné de circonstances atténuantes,
« était inscrit au bagne sous le seul nom
« de MATHIEU ! »

FIN.

TABLE.

Chap. I. Rêves d'amour 1
    II. L'abbé Grégoire. 35
    III. Le Père et le Fils 63
    IV. La Fête de village 95
    V. Le Serpent 131
    VI. L'occasion fait le larron 167
    VII. Chez le père Watrin 187
    VIII. Le regard d'un honnête homme 213
    IX. Les brisées de Mathieu 257
    X. Conclusion 289

Sceaux, impr. de E. Dépée.

EN VENTE :

LES ÉTAPES D'UN VOLONTAIRE
PAR PAUL DUPLESSIS. — 4 volumes.

LES CRIMES A LA MODE
PAR ANDRÉ THOMAS. — 2 volumes.

LE TUEUR DE TIGRES.
PAR PAUL FÉVAL. — 2 volumes.

LE NEUF DE PIQUE
PAR LA COMTESSE D'ASH. — 6 volumes.

LES TROIS REINES
PAR X.-B. SAINTINE. — 2 volumes.

MADEMOISELLE DE CARDONNE
PAR A. DE GONDRECOURT. — 3 volumes.

AVENTURES DU PRINCE DE GALLES
PAR LÉON GOZLAN. — 5 volumes.

LA FAMILLE JOUFFROY
PAR EUGENE SUE. — 7 volumes.

Impr. de E. Dépée, à Sceaux.

www.ingramcontent.com/pod-product-compliance
Lightning Source LLC
Chambersburg PA
CBHW060500170426
43199CB00011B/1281